三元地理命卦真解

継大師 著

《三元地理命卦真解》——人命卦及元辰卦爻排法——繼大師著

目錄

自序……五
（一）在風水上使用人命卦之配法……八
（二）用八字干支排命卦法……十一
（三）四柱八字起卦例……十九
（四）「八字干支之天數及地數之十不用」說明……二十六
（五）五數寄中宮取卦法……二十八
（六）五數寄宮卦例之一……三十五
（七）五數寄宮卦例之二……三十六

（八）五數寄宮卦例之三……三十七
（九）五數寄宮卦例之四……三十八
（十）四柱八字干支之數與天數及地數相同時之定人命卦方法……三十九
（十一）古今元運對照表……四十二
（十二）命卦中之變爻——元辰卦……四十四
（十三）一陽爻之命卦變卦法——變元辰卦法之一……四十六
（十四）二陽爻之命卦變卦法——變元辰卦法之二……五十
（十五）三陽爻之命卦變卦法——變元辰卦法之三……五十七
（十六）四陽爻之命卦變卦法——變元辰卦法之四……六十五
（十七）五陽爻之命卦變卦法——變元辰卦法之五……七十一

（十八）六陽爻之命卦變卦法——變元辰卦法之六……七十四
（十九）一陰爻之命卦變卦法——變元辰卦法之七……八十二
（二十）二陰爻之命卦變卦法——變元辰卦法之八……八十五
（廿一）三陰爻之命卦變卦法——變元辰卦法之九……九十一
（廿二）四陰爻之命卦變卦法——變元辰卦法之十……九十九
（廿三）五陰爻之命卦變卦法——變元辰卦法之十一……一〇五
（廿四）六陰爻之命卦變卦法——變元辰卦法之十二……一〇八
（廿五）中國古今歷代大小三元元運對照表……一一八
後記一……一五八
後記二……一六一

自序《三元地理命卦真解》

繼大師

這本《三元地理命卦精解》一書，寫於二〇〇三年初，用了三個多月時間撰寫，未幾再加〈歷代三元元運對照表〉及〈人命卦之配法〉等文章；此書完成至今已歷二十二年，原來構思是用以教授徒弟之用，沒想過會出版。

基於坊間很少有三元卦理書籍出售，若有，則並非清楚詳細說明。現代三元元空大卦卦理學說眾多，各說不一，彼此互相攻擊，基於信念及緣份問題，各師各法，真假學理混合其中，若能精於巒頭及理氣真傳，兩者配合，定能應驗。

在配卦方面，人命卦與八宅東西四命卦不同，八宅命卦是屬於三爻卦，配以大八宅所屬之八大宮位，加上流年紫白九星飛臨而作出吉凶，是較為粗略之配合。

人命卦則以出生之生辰八字，依河洛理數而轉化成六爻卦，再配合三元羅盤六十四卦方位，可謂非常細緻。

人命卦由八字干支依河洛理數推算出本命卦，再依出生時辰，以爻數作出變卦，排出元辰卦，為「本命元辰」。相傳此法出自於宋朝隱士陳希夷先生，現代亦有人以此八字干支排出六爻卦作擇日之用。

至於用在風水配卦上，則很少人提及，有些三元家亦忽視之，雖然本命元辰卦對於風水卦理上之配合是次要，但亦不可偏廢。

筆者繼大師今依陳博老祖陳希夷先生所傳之河洛理數人命卦理，撰寫一書，名：

《三元地理命卦真解》

書中內容詳盡，卦例圖表眾多，可謂天機盡洩，與大眾善緣，有緣者得之。讀者可依此書內各種卦例，深入研究，自能瞭解，甚至能應用自如，祝願各位學有所成，是為序。

繼大師寫於香港明性洞天

壬寅仲春吉日

甲辰仲冬重修

（一）在風水上使用人命卦之配法

繼大師

當我們用個人生辰八字排出本命卦及元辰卦之後，再以本命及元辰卦去與陽宅的坐向作出比較，以相同而生旺者吉，以相同而坐煞者凶。

換句話說，陽居首先要當旺向為吉，其向度之卦或坐山之卦與居者之本命卦或元辰卦相同或有關係，則旺向陽宅便可蔭佑宅主，若卦不能相合，則以陽居之坐山三合方配之，如子山午向，向姤卦䷫而生旺，則首先宅主之人命卦或元辰卦要有下列之關係：

（一）與向度之姤卦䷫相同。

（二）與坐山（即復卦䷗）之卦相同。

（三）與復卦䷗或姤卦䷫作錯、綜、互卦關係。

（四）陽宅居者，以辰、申、子年生人相配子山陽宅坐山，或午年年生人皆可合宅向，這是如果六十四卦不合陽宅主人，次而求之，用二十四山坐向之三合及坐山對沖之地支相配亦可以。

在陰宅墳穴上，墳之向度、坐山、水口之卦及來龍之卦線等，筆者繼大師認為皆可與子孫後代之人命卦或元辰卦作「錯、綜、互」等關係。

其次亦可用來龍、坐山、向度、水口的二十四山干支位與後代出生年份干支相配。

如：

「壬山來龍，辛山，乙向，亥方出水口」。

則「壬、辛、乙」之天干年份，與「亥、巳、卯、未」等地支年份出生之後代生人，皆可應之。

如「辛」山「乙」向，白虎方亥位出水口，則應後代三房，在「巳」年生仔，「亥」水口，對沖之年為「巳」，白虎屬三房，龍山向水是相生之配卦，以河圖洛書為主，其餘仿此類推。

此重點是無論陰宅或陽宅，首要得真穴，有地氣，向度、龍水皆要當旺為首要，再配合人命或元辰卦，或出生年命干支等。合則大旺，不合亦可致旺，主要是真龍真穴及旺向線度為要也。

《本篇完》

（二）用八字干支排命卦法

繼大師

首先以新曆或農曆之出生日期，查萬年曆或推算出日期之四柱天干地支，得到日課之四柱八字後，以干支之數演變成卦象，用出生日期之時支，推算出卦象之變爻。

在唐高宗永徽年間至唐玄宗開元年間（約公元六五〇 — 七四一），在河東（今山西省）聞喜縣之丘延翰先生所著**《理氣心印》**，內有納甲之解釋。此書載於**《堪輿秘笈奇書》**士林出版社一九九四年再版第一〇一頁，原書名為**《秘傳地理人天共寶》**內**〈卷之一〉〈心印內傳〉**內云：

「卦有變化。而是有配納。月麗於日而有明。自晦朔而象坤。朏出於庚而震。（朏音匪即每月之初三日）**上弦見于丁而兑。盈于甲壬而乾。退于辛而巽。下弦消於丙而艮。沒于乙癸而復于坤。」**

納甲之圖 — 繼大師圖 壬午年季冬

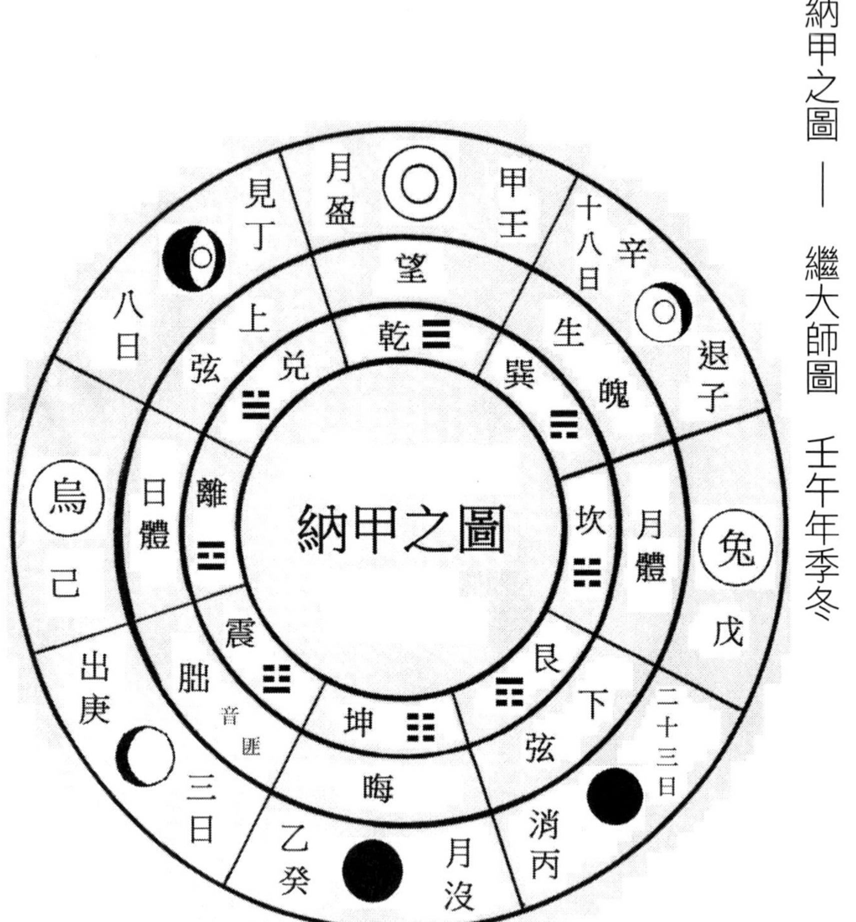

朏 — 音匪，新月開始發光每月初三的代稱。

繼大師圖　　壬午年季冬

易曰：天一、地二、天三、地四、天五、地六、天七、地八、天九、地十。天數五，地數五，五位相得而各有合。天數二十有五，地數三十，凡天地之數五十有五。此所以成變化而行鬼神也。（註：見朱熹撰《易學啟蒙》第九十一頁）

天干之數是：

甲、壬－六　乙、癸－二　丙－八　丁－七

戊－一　己－九　庚－三　辛－四

地支之數是：

子、亥－一、六　巳、午－二、七

寅、卯－三、八　申、酉－四、九

辰、戌、丑、未－五、十

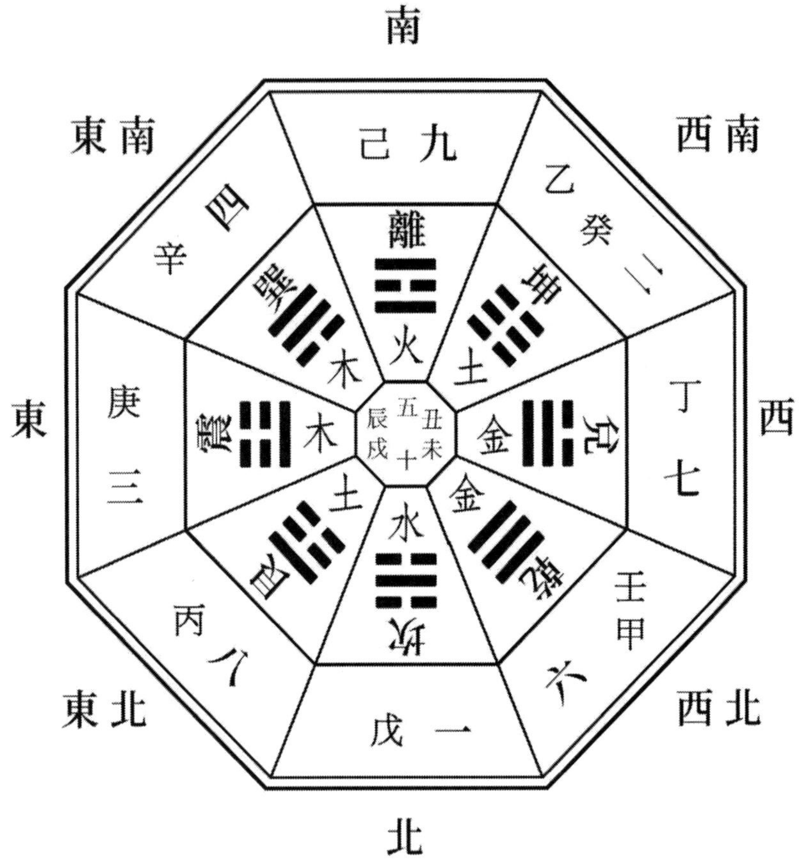

以先天卦數配後天卦位

再配以天干納甲之關係圖

繼大師表　辛丑孟夏

乾壬甲六	坎戊一
坤乙癸二	離己九
艮丙八	震庚三
兌丁七	巽辛四

納甲口訣是：

壬甲從乾數（六）
乙癸向坤求（二）
庚來震上立（三）
辛在巽方遊（四）
丙於艮門立（八）
己以離為頭（九）
戊須坎處出（一）
丁向兑家流（七）

河圖配地支之數圖

繼大師　甲辰仲冬

一六共宗　二七同道　三八為朋　四九為友　五十同途

河圖

二七火　巳午

三八木　卯寅

四九金　申酉

五十　辰戌　屬土　丑未

一六水　亥子

河圖

陽順數　從一至九

一六水　天一生水　地六成之

二七火　地二生火　天七成之

三八木　天三生木　地八成之

四九金　地四生金　天九成之

五十土　天五生土　地十成之

此天地生成之數也

陰逆數　從二至十

地支取數：

一、六——亥、子

二、七——巳、午

三、八——寅、卯

四、九——申、酉

五、十——辰、戌、丑、未

將一、三、五、七、九各單數相加等於二十五是天數，將二、四、六、八、十各雙數相加等於三十是地數，以這些數為天地之基數，將四柱八字演變成六十四卦，其方法是：

（一）四柱八字干支所屬之數分成兩組，單數一組，雙數一組。

（二）將四柱八字之所屬單數相加而成天數，將四柱八字之所屬雙數相加而成地數。

（三）先看天數所得多少，天數之和，減去二十五，所餘之數，用先天數配後天卦，以餘數演變成單卦。（即九離、四巽、三震、八艮、二坤、七兌、六乾、一坎、五寄中宮。）

如祗有二十五，則除二十不用，只用五數。如不滿二十五數，則除十位數不用，只用個位數為卦。例如天數之和只得二十一，則只用一數而成坎卦。

再看地數（四柱八字所屬雙數），取地數之和，減去三十，所餘之數演變成單卦，如只有三十，則個位數不用，只作三數起單卦。若不滿三十，則不用拾位數，只用其個位數而演變成單卦，例如地數之和是二十二，則只用二而成坤卦，如此類推。

洛書數取卦表

乾☰六	坎☵一	艮☶八	震☳三	巽☴四	離☲九	坤☷二	兌☱七

《本篇完》

（三）四柱八字起卦例

繼大師

例（一）男命生於陽干支年（甲、丙、戊、庚、壬年），以天數作上卦，以地數作下卦。

男命 — 生於陽曆二〇〇四年十二月十五日申時。四柱八字是：

6 甲申 4，9 年

8 丙子 1，6 月

1 戊辰 5，10 日

3 庚申 4，9 時

甲六、申四、九，丙八、子一、六，戊一、辰五、十，庚三、申四、九。

天數 — 九、一、一、五、三、九共二十八數，減二十五餘三數，屬震卦☳。

地數 — 六、四、八、六、十、四共三十八，減三十餘八數，屬艮卦☶。

男命陽年干支出生，天數在上卦，地數在下卦，配成六十四卦之卦命是：雷山小過䷽卦。

其男女陰陽干支之天數及地數之排法，口訣是：

陽男陰女。天上地下。陰男陽女。地上天下。

男女陰陽干支生年天地數排法表（繼大師表）

男女命配陰陽年干支	**天地數之上下排法**
男命陽年干支生年：甲、丙、戊、庚、壬	天數在上卦，
女命陰年干支生年：乙、丁、己、辛、癸	地數在下卦。
男命陰年干支生年：乙、丁、己、辛、癸	地數在上卦，
女命陽年干支生年：甲、丙、戊、庚、壬	天數在下卦。

例(二)女命陰年，生於陰干支(乙、丁、己、辛、癸年)，以天數作上卦，以地數作下卦。

女命陰年 — 生於陽曆二〇〇三年癸未年十月二十五日卯時。四柱八字是：

2 癸未 5，10 年

6 壬戌 5，10 月

4 辛巳 2，7 日

4 辛卯 3，8 時

天數 — 五、五、七、三，共二十，不足二十五之天數，本應只用其個位數，但這數剛好是二十，逢十則不用，故只用二數起卦，是為坤卦☷。

地數 — 二、十、六、十、四、二、四、八，共四十六，減去地數三十，餘十六，十數不用而用個位數，地數是六數，六是乾卦☰。女命陰年，天數在上，地數在下，故得地天泰卦䷊為命卦。

例（三）男命陰年，生於陰年干支（乙、丁、己、辛、癸年），以地數在上卦，天數在下卦。

男命陰年 — 生於陽曆二〇二五年乙巳年十月二十五日初子時，四柱八柱是：

2 乙巳 2，7 年
8 丙戌 5，10 月
7 丁卯 3，8 日
3 庚子 1，6 時

天數 — 七、五、七、三、三、一，共二十六數，減二十五餘一數，是坎卦☵。

地數 — 二、二、八、十、八、六，共三十六數，減去三十餘六數，是乾卦☰。

男命陰年，地數上卦，天數在下卦，即得天水訟卦䷅。

例（四）女命陽年——生於陽年干支（甲、丙、戊、庚、壬年），以地數在上卦，天數在下卦。

女命陽年——生於二〇四二年壬戌年陽曆七月七日下午二時（未時）。四柱八字是：

6 壬戌 5，10 年
7 丁未 5，10 月
8 丙午 2，7 日
2 乙未 5，10 時

天數——五、七、五、七、五共二十九數，減去二十五餘四數，是巽卦☴。

地數——六、十、十、八、二、二、十，共四十八，減去三十餘十八，只用個位八數，是艮卦☶。

女命陽年，地數在上卦，天數在下卦，故得人命卦為山風蠱卦䷑。

例（一）男命陽干生年 — 陽曆二〇〇四年十二月十五日申時

甲六	申四、九
丙八	子一、六
戊一	辰五、十
庚三	申四、九

天數共廿八減廿五餘三數震卦☳在上	地數三十八減三十餘八數艮卦☶在下
男命陽年干支天數上，地數下。	雷山小過䷽

例（二）女命陰干生年 — 陽曆二〇〇三年十月廿五日卯時

癸二	未五、十
壬六	戌五、十
辛四	巳二、七
辛四	卯三、八

天數二十不足廿五，逢十不用，只用二為坤卦☷	地數共四十六，減三十餘十六，用餘數六乾卦☰
女命陰年干支天數上，地數下。	地天泰卦䷊

例（三）男命陰干生年——陽曆二〇二五年十月廿五日初子時

乙二	巳二、七
丙八	戌五、十
丁七	卯三、八
庚三	子一、六

天數廿六減廿五餘一數是坎卦☵	地數三十六減三十餘六數乾卦☰

男命陰年干支地數上，天數下

天水訟卦䷅

例（四）女命陽干生年——陽曆二〇四二年七月七日未時

壬六	戌五、十
丁七	未五、十
丙八	午二、七
乙二	未五、十

天數二十九減二十五餘四數是巽卦☴	地數四十八減三十餘十八，只用八數是艮卦☶

女命陽年干支地數上，天數下

山風蠱卦䷑

《本篇完》

（四）「八字干支之天數及地數之十不用」說明

繼大師

八字干支之天數（單數）及地數（雙數），各有其總和，天數之基數是二十五，其用法是：

以天數（單數）減去二十五之基數後，若得十，則用一而不用〇（零）；若得二十，則用二而不用個位之〇（零）；若得三十，則用三數而不用〇（零）。

若未滿二十五數，而數是二十，則用二，若是十，則用一數，其理是遇十數只用拾位數而不用個位數，若不是遇十數，則用其個位數而作卦，如此類推。

地數（雙數）減去三十之基數後，亦是十不用，而用其個位數，即十用一數，二十用二數，三十用三數。如此類推。

天數及地數若減去其基數後，所餘之數則取其個位數而演成卦象，餘二十九則取九離卦☲，十八則取八艮卦☶，二十七則取七兌卦☱，如此類推。

洛書數取卦表

乾☰六	坎☵一	艮☶八	震☳三	巽☴四	離☲九	坤☷二	兌☱七

《本篇完》

（五）五數寄中宮取卦法

繼大師

凡四柱八字干支所屬洛書河圖而演變成之天數及地數，其餘數是五者，是屬於中宮之數，是寄數於中宮也，因為五與十數在河圖上為中位，八方無位，故寄於中宮。

寄宮法口訣曰：

「上元男艮☶女為坤☷。女兌☱男離☲屬下元，中元陰女陽男艮☶。陽女陰男亦為坤☷。」

即是：

艮卦☶ ── 上元男命陰或陽干支生年，中元男命陽干支生年，中元女命陰干支生年。

坤卦☷ ── 上元女命陰或陽干支生年，中元男命陰干支生年，中元女命陽干支生年。

離卦☲ ── 下元男命陰或陽干支生年。

兌卦☱ ── 下元女命陰或陽干支生年。

寄宮法口訣：

上元男艮☶女為坤☷。女兌☱男離☲屬下元。

中元陰女陽男艮☶。陽女陰男亦為坤☷。

命卦五數寄中宮取卦表（繼大師表）

元運	生年干支陰陽	所屬八卦
上元	男命（不分陰陽干支生年）	艮☶
中元	男命陽干支生年甲、丙、戊、庚、壬	
	女命陰干支生年乙、丁、己、辛、癸	

元運	生年干支陰陽	所屬八卦
上元	女命（不分陰陽干支生年）	坤 ☷
中元	男命陰干支生年乙、丁、己、辛、癸	坤 ☷
中元	女命陽干支生年甲、丙、戊、庚、壬	坤 ☷
下元	男命（不分陰陽干支生年）	離 ☲
下元	女命（不分陰陽干支生年）	兌 ☱

由於天數及地數之餘數作為後天三劃卦之數據，而遇五數是寄宮，依照男女命及陰陽干支及三元元運而定五數之卦象，其餘數是五的話，其天數及地數之總和應是：

天數是十五——用五數

天數是三十——三十減二十五餘五用五數

天數是四十——四十減二十五餘十五用五

天數是五十——五十減二十五餘二十五用五

地數是十五——用五數

地數是三十五——三十五減三十餘五用五數

地數是四十五——四十五減三十餘十五用五

地數是五十五——五十五減三十餘二十五用五

四柱八字之天干地支中，各有單數及雙數（即天數及地數），若要相加之和成三十、四十或五十之數，我們首先將天干之雙數及單數分開，易於計算。要將天數相加成三十、四十或五十（即以一、三、五、七、九之單數相加而成。）這是可以做得到的。

但若果用地數（雙數之二、四、六、八、十）相加要成三十五、四十五或五十五數，是絕對沒有可能的，其原理是：

單數加單數——可以成為雙數或單數

雙數加雙數——始終都是雙數

故此這五數寄中宮取卦法，其五數只能在天數各單數相加中出現。

地數二、四、六、八、十 互相加合，不能出現五數（三十五、四十五、五十五）。故此，五數寄中宮取卦法，只能適用於天數上。

天干及地支之雙單數組合，筆者繼大師茲列表如下：

各組天干合十圖

天干雙數	
甲辛壬	4，6
乙癸丙	2，8

天干單數	
丁庚	3，7
戊己	1，9

各組地支合十圖（單雙之數一同出現）

地支	數
戌、丑、辰、未	5，10
子、亥	1，6
申、酉	9，4
寅、卯	3，8
午、巳	2，7

六十花甲干支配河洛數表

繼大師表

壬午年季冬

甲 6 寅 3,8	甲 6 辰 5,10	甲 6 午 2,7	甲 6 申 4,9	甲 6 戌 5,10	甲 6 子 1,6
乙 2 卯 3,8	乙 2 巳 2,7	乙 2 未 5,10	乙 2 酉 4,9	乙 2 亥 1,6	乙 2 丑 5,10
丙 8 辰 5,10	丙 8 午 2,7	丙 8 申 4,9	丙 8 戌 5,10	丙 8 子 1,6	丙 8 寅 3,8
丁 7 巳 2,7	丁 7 未 5,10	丁 7 酉 4,9	丁 7 亥 1,6	丁 7 丑 5,10	丁 7 卯 3,8
戊 1 午 2,7	戊 1 申 4,9	戊 1 戌 5,10	戊 1 子 1,6	戊 1 寅 3,8	戊 1 辰 5,10
己 9 未 5,10	己 9 酉 4,9	己 9 亥 1,6	己 9 丑 5,10	己 9 卯 3,8	己 9 巳 2,7
庚 3 申 4,9	庚 3 戌 5,10	庚 3 子 1,6	庚 3 寅 3,8	庚 3 辰 5,10	庚 3 午 2,7
辛 4 酉 4,9	辛 4 亥 1,6	辛 4 丑 5,10	辛 4 卯 3,8	辛 4 巳 2,7	辛 4 未 5,10
壬 6 戌 5,10	壬 6 子 1,6	壬 6 寅 3,8	壬 6 辰 5,10	壬 6 午 2,7	壬 6 申 4,9
癸 2 亥 1,6	癸 2 丑 5,10	癸 2 卯 3,8	癸 2 巳 2,7	癸 2 未 5,10	癸 2 酉 4,9

《本篇完》

（六）五數寄宮卦例之一

繼大師

例（一）男命陽年，生於陽曆二〇〇八年四月三十日寅時（早上四時）其四柱八字是：

1 戊子 1，6 年

8 丙辰 5，10 月

3 庚子 1，6 日

1 戊寅 3，8 時

天數（單數）一、一、五、三、一、一、三、共十五數，因未滿二十五數，所以去拾餘五，是五數寄宮，查萬年曆二〇〇八年是下元八白運，若男命，不分陰陽干支生年俱屬離卦☲。

地數（雙數）六、八、十、六、八，相加共三十八數，減去三十餘八數，屬艮卦☶。

男命陽年干支生，天數（單數）在上卦，地數（雙數）在下卦，共成火山旅卦䷷。

《本篇完》

(七)五數寄宮卦例之二

繼大師

例(二)女命陽年，生於陽曆二〇一八年八月二十三日零時三十分(初子時)，其四柱八字是：

1 戊戌 5，10 年

3 庚申 4，9 月

7 丁亥 1，6 日

3 庚子 1，6 時

天數(單數)一、五、三、九、七、一、三、一，合共三十數，減去二十五天數之基數，餘五，是女命陽干生年寄宮之卦，二〇一八年是下元八白運，故此命天數是兑卦☱。

地數(雙數)十、四、六、六、合共二十六，未滿地數之基數三十，故二十六中只取個位數之六數，是乾卦☰。

女命陽年干生，地數在上卦，天數在下卦，合成天澤履卦䷉命卦。

《本篇完》

（八）五數寄宮卦例之三

繼大師

例（三）男命陰年，生於陽曆一九五五年三月二十九日下午六時（酉時），其四柱八字是：

2 乙未 5，10 年
9 己卯 3，8 月
9 己丑 5，10 日
2 癸酉 4，9 時

天數（單數）五、九、三、九、五、九，相加合共四十數，減去二十五天數之基數，餘十五，去拾位數而用餘數五，五數是寄宮數，一九五五年是中元五運，男命陰年干支生，其五數是坤卦☷。

地數（雙數）二、十、八、十二、四，相加合共三十六，減去地數三十餘六數，六為乾卦☰。

男命陰年干支生，則地數在上卦，天數在下卦，合成天地否卦䷋命卦。《本篇完》

（九）五數寄宮卦例之四

繼大師

例（四）女命陰年，生於陽曆二〇六七年十月七日早上六時（卯時），四柱八字是：

7 丁亥 1，6 年
9 己酉 4，9 月
9 己丑 5，10 日
7 丁卯 3，8 時

天數（單數）七、一、九、九、九、五、七、三，合共五十數，減去二十五數餘二十五數，去拾位數取個位數五，二〇六七年是上元二運，女命於上元，不分陰陽干支年生，五數寄宮艮卦☶。

地數（雙數）六、四、十、八，合共二十八，不足地數三十之基數，只用個位八數，為艮卦☶。

女命陰年天數在上卦，地數在下卦，六爻卦合成艮卦䷳。

《本篇完》

（十）四柱八字干支之數與天數及地數相同時之定人命卦方法　繼大師

當我們將四柱八字干支以天數及地數各自相加後，若其中出現本身干支之數與天數廿五或地數卅，當與此數相同時，有下列方法定出命卦。舉兩例子為例：

例（一）男命陰年干支，生於陽曆一九九五年五月二十四日下午六時（酉時），四柱八字是：

2 乙亥 1，6 年
4 辛巳 2，7 月
2 乙卯 3，8 日
2 乙酉 4，9 時

四柱八字之天數（單數）一、七、三、九合共是二十，未滿二十五，二十去十而用二，是坤卦☷。

四柱八字之地數（雙數）二、六、四、二、二、八、二、四，合共是三十，剛好與地數之數相同，若兩組數相減，必等如〇（零），在這種情形下，仍作三十數計算，三十則去十用三數，為震卦☳。

此四柱八字是男命陰年生，天數在下卦，地數在上卦，合為雷地豫卦䷏命卦。

例（二）女命陰年干支，生於陽曆二〇〇〇年三月一日深夜零時三十分（初子時）

四柱八字是：

7 庚辰 5，10 年

1 戊寅 3，8 月

1 戊午 2，7 日

6 壬子 1，6 時

四柱八字之天數（單數）七、五、一、三、一、七、一，合共二十五，剛好與天數之基數相同，在這種情形下，仍作二十五數計算，二之拾位數不用，只用個位數五，五數是寄宮之數，二〇〇〇年是屬下元七赤運，女命不論陰干支或陽干支，五數均作兌卦☱。

四柱八字之地數（雙數）十、八、二、六、六，合共三十二，減去地數之基數卅，餘二為坤卦☷。

此四柱八字是女命陽年生，天數在下卦，地數在上卦，合為地澤臨卦䷒命卦。

當要計算出何年是某元運時，學者必須把各元運之年份認出，且能把五數寄中宮之法相配，便能轉出生年之四柱八字化為六爻人命卦。

若要能認出各元運之年份，必須明白三元元運之排法原理、邏輯、結構及其排列自何年等。筆者繼大師會在下一章說出三元元運之原理，並列表示明之。

《本篇完》

（十二）古今元運對照表

繼大師

三元元運，分大三元元運及小三元運，一般計算中，只用小三元元運，以二十年為一個元運，分上、中、下三個元運，即是：

上元 —— 一運、二運、三運，各管二十年。
中元 —— 四運、五運、六運，各管二十年。
下元 —— 七運、八運、九運，各管二十年。

小三元元運申以上、中、下元合共一百八十年。三個一百八十年是一個大三元元運，即是：

上元一百八十年，內有一運、二運、三運，各管六十年。
中元一百八十年，內有四運、五運、六運，各管六十年。
下元一百八十年，內有七運、八運、九運，各管六十年。

筆者繼大師現列出大小三元元運對照表如下：

此表由公元前1376年至公元2404年　**大小三元元運原理簡表**　繼大師作表　辛丑年季冬

古云:伍佰年必有王者興　540年　一個大三元元運																											
270年(大上元)														270年(大下元)													
小三元元運 180年(大上元)									小三元元運 180年(大中元)									小三元元運 180年(大下元)									
90年(上元)					90年(下元)				90年(上元)					90年(下元)				90年(上元)					90年(下元)				
上元 60年 一			中元 60年 二			下元 60年 三			上元 60年 四			中元 60年 五			下元 60年 六			上元 60年 七			中元 60年 八			下元 60年 九			
20年	20年	20年	20年	20年	20年	20年	20年	20年	20年	20年	20年	20年	20年	20年	20年	20年	20年	20年	20年	20年	20年	20年	20年	20年	20年	20年	
一	二	三	四	五	六	七	八	九	一	二	三	四	五	六	七	八	九	一	二	三	四	五	六	七	八	九	
上元			中元			下元			上元			中元			下元			上元			中元			下元			
-1376	-1356	-1336	-1316	-1296	-1276	-1256	-1236	-1216	-1196	-1176	-1156	-1136	-1116	-1096	-1076	-1056	-1036	-1016	-996	-976	-956	-936	-916	-896	-876	-856	-836
-836	-816	-796	-776	-756	-736	-716	-696	-676	-656	-636	-616	-596	-576	-556	-536	-516	-496	-476	-456	-436	-416	-396	-376	-356	-336	-316	-296
-296	-276	-256	-236	-216	-196	-176	-156	-136	-116	-96	-76	-56	-36	-16	-04	-24	-44	-64	-84	-104	-124	-144	-164	-184	-204	-224	-244
244	264	284	304	324	344	364	384	404	424	444	464	484	504	524	544	564	584	604	624	644	664	684	704	724	744	764	784
784	804	824	844	864	884	904	924	944	964	984	1004	1024	1044	1064	1084	1104	1124	1144	1164	1184	1204	1224	1244	1264	1284	1304	1324
1324	1344	1364	1384	1404	1424	1444	1464	1484	1504	1524	1544	1564	1584	1604	1624	1644	1664	1684	1704	1724	1744	1764	1784	1804	1824	1844	1864
1864	1884	1904	1924	1944	1964	1984	2004	2024	2044	2064	2084	2104	2124	2144	2164	2184	2204	2224	2244	2264	2284	2304	2324	2344	2364	2384	2404

此表由公元前1376年至公元2404年

繼大師作表　辛丑年季冬

（十二）命卦中之變爻 —— 元辰卦

繼大師

凡由四柱八字干支之數所演變出之六十四卦，稱之為「命卦」，再以出生之八字時辰，可定出命卦之變爻爻神，變出之卦，稱之為「元辰卦」，或為「命卦中之元堂爻」，或「元堂卦」。

以出生八字中之時辰分出陰陽，筆者繼大師列之如下：

陽時 —— 稱之為「上六時」——「子、丑、寅、卯、辰、巳」為陽。

陽時生人，取命卦陽爻，從「子」時起至「巳」時推算其所屬之變爻，但這裏並沒有說明有早子時及夜子時之分別。如在「甲子」日 00:30am 出生，為「甲子」日之早子時。但如果在「甲子」日晚上 11:30Pm 出生，是「甲子」日之夜子時。

故在「子」時出生之人，要小心推排所屬之變爻。在排八字四柱中，早已分出早子時或夜子時之干支，故可無須理會早或夜子時，仍以「子」時計算，推排其所變之爻。

陰時——稱之為「下六時」——「午、未、申、酉、戌、亥」，為陰。

陰時生人，取命卦陰爻，從「午」時起推算其變爻。若在「午」時出生，一般以正午十二時之後為下六時，但由於很難確定是十二時前之「午」時或是十二時後之「午」時出生，故一律以「午」時為下六時之開始作計算。

起元辰卦爻之口訣是：

陰陽一二重而寄。

三位雖重沒寄宮。

四五無重應有寄。

純爻男女不相同。

由下一章開始，將會詳細解釋命卦之變爻法。

《本篇完》

（十三）一陽爻之命卦變卦法 —— 變元辰卦法之一

繼大師

一陽爻之卦，每卦有六爻，包括一陽爻及五陰爻，上六時是「子時至巳時」，這些時辰內所出生之人，為一陽爻。

下六時以「午」時至「亥」時，在這些時辰內所出生之人為五陰爻。

一陽爻即：地雷復卦䷗，地水師卦䷆，地山謙卦䷎，雷地豫卦䷏，水地比卦䷇，山地剝卦䷖。

復䷗ﾠ	師䷆	謙䷎	豫䷏	比䷇	剝䷖ﾠ

凡一陽爻之命卦，一定是上六時生人（子時至巳時）始可稱作陽爻，先從「子、丑」時排陽爻作變爻，後從最低之陰爻以「寅、卯、辰、巳」由下而上排去作變爻。

一陽爻起元辰卦變爻表 — 繼大師表

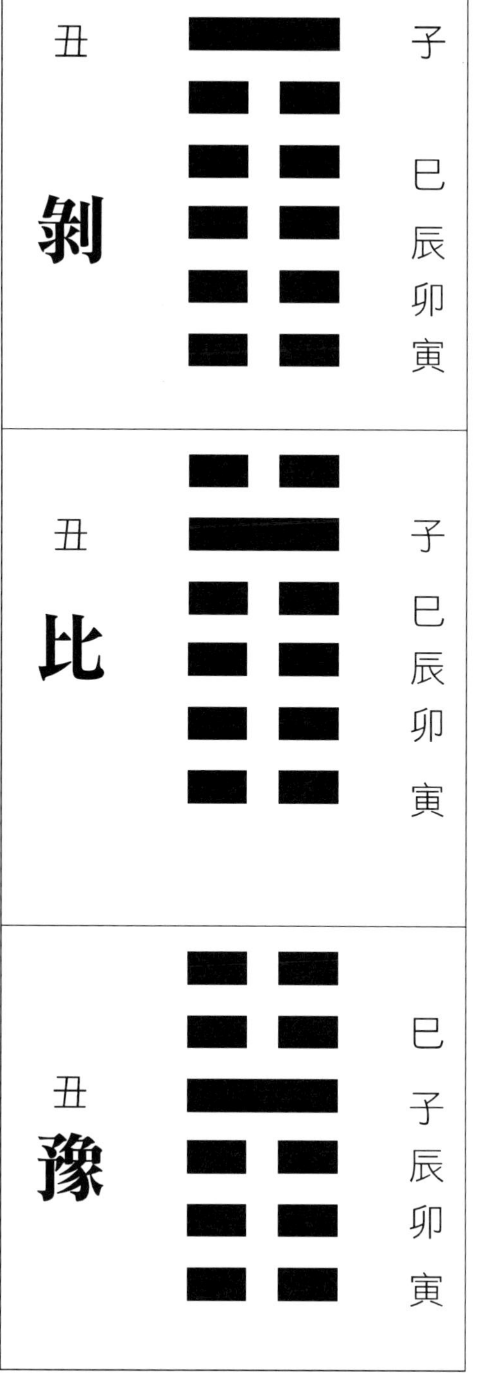

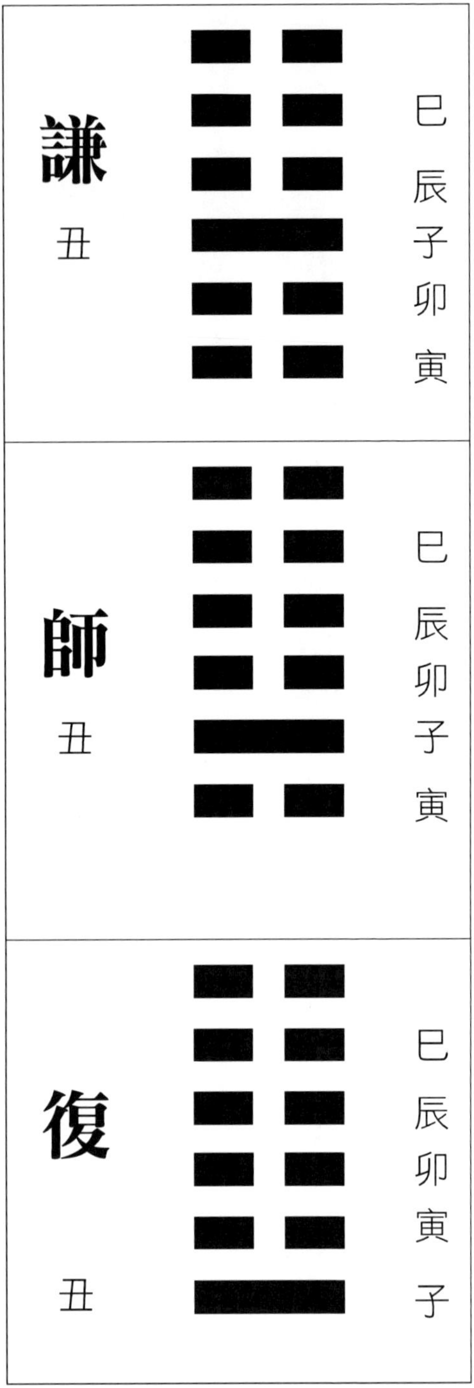

謙	師	復
巳 辰 子 卯 寅	巳 辰 卯 子 寅	巳 辰 卯 寅 子
䷎	䷆	䷗
丑	丑	丑

若人命卦是一陽爻中之山地剝卦䷖，「子」時或「丑」時生則變上六爻，成為坤卦䷁是元辰卦。

若人命卦是一陽爻中之山地剝卦䷖，生時是寅時，則變初爻，成為山雷頤卦䷚是元辰卦。（請參考 47 頁山地剝卦䷖圖表。）

若人命卦是一陽爻中之山地剝卦䷖，生時是卯時，則變二爻，成為山水蒙卦䷃是元辰卦。

若人命卦是一陽爻中之山地剝卦䷖，生時是辰時，則變三爻，成為艮卦䷳是元辰卦。

若人命卦是一陽爻中之山地剝卦䷖，生時是巳時，則變四爻，成為火地晉卦䷢是元辰卦。

所有一陽爻之卦，且生時是上六時（子時至巳時）生人，其變卦之卦爻，是以子、丑時寄於其陽爻上，然後以最低之陰爻，由下而上，依寅時所排列，至巳時止，其排列如上例圖表。

《本篇完》

（十四）二陽爻之命卦變卦法 — 變元辰卦法之二

繼大師

以二陽爻之命卦為例，六十四卦中之陽爻，其結構必定是二爻陽，四爻陰，其名稱上之分別是：

二陽爻 — 命卦是二陽爻，四陰爻，其人生時在「子」時至「巳」時間出生，為上六時生，稱之為二陽爻生人。

四陰爻 — 命卦是二陽爻，四陰爻，其人生時在「午」時至「亥」時間出生，為下六時生，稱之為四陰爻生人。

二陽爻之卦是：

地澤臨䷒，地火明夷䷣，震卦䷲，水雷屯䷂，山雷頤䷚，地風升䷭，雷水解䷧，坎卦䷜，山水蒙䷃，雷山小過䷽，水山蹇䷦，艮卦䷳，澤地萃䷬，火地晉䷢，風地觀䷓，等十五個卦。

二陽爻起元辰卦之方法，是以「子」時附在最下之陽爻，「丑」時附在最上之陽爻，然後重覆排「寅」時在最下之陽爻，「卯」時在最上之陽爻，然後「辰」時附最下之陰爻，「巳」時附最下第二之陰爻，各卦如此類推。如：

地澤臨䷒命卦「子」時及「寅」時生——變初爻成地水師䷆元辰卦。

地澤臨䷒命卦「丑」時及「卯」時生——變二爻成地雷復䷗元辰卦。

地澤臨䷒命卦「辰」時及「寅」時生——變三爻成地天泰䷊元辰卦。

地澤臨䷒命卦「巳」時生——變四爻成雷澤歸妹䷵元辰卦。

（請參考 52 頁地澤臨䷒圖表。）

各二陽爻起元辰卦之變爻，如此類推，筆者繼大師現列出各二陽爻起元辰卦變爻表如下：

卦爻配地支如下：

臨䷒——子、丑、寅、卯、辰、巳。

明夷䷣——子、丑、寅、卯、辰、巳。

震䷲——子、丑、寅、卯、辰、巳。

二陽爻元辰卦變爻表　繼大師表　癸未年孟春

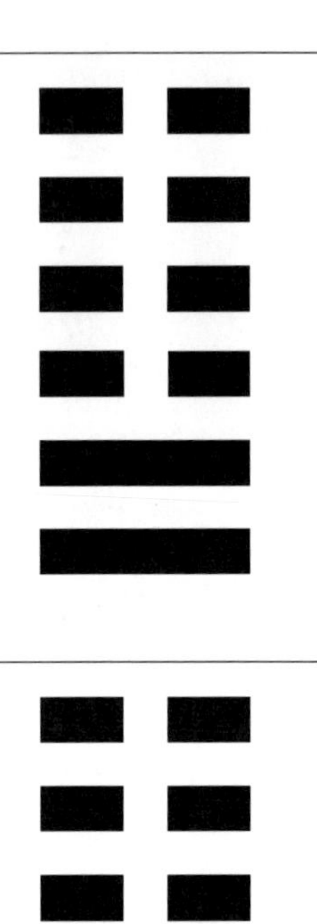

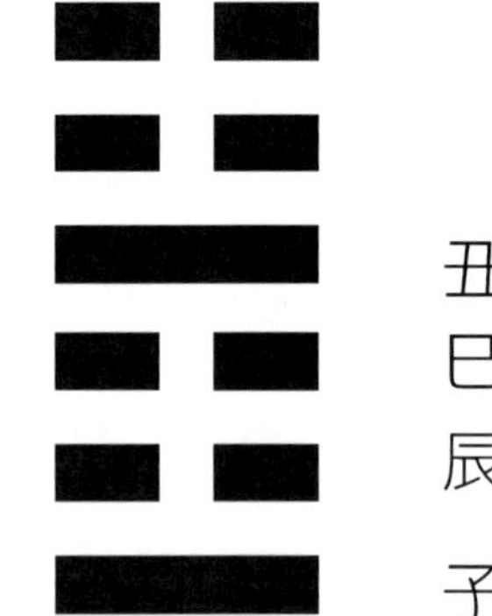

卦爻配地支如下：屯䷂—子、丑、寅、卯、辰、巳。

頤䷚—子、丑、寅、卯、辰、巳。

升䷭—子、丑、寅、卯、辰、巳。

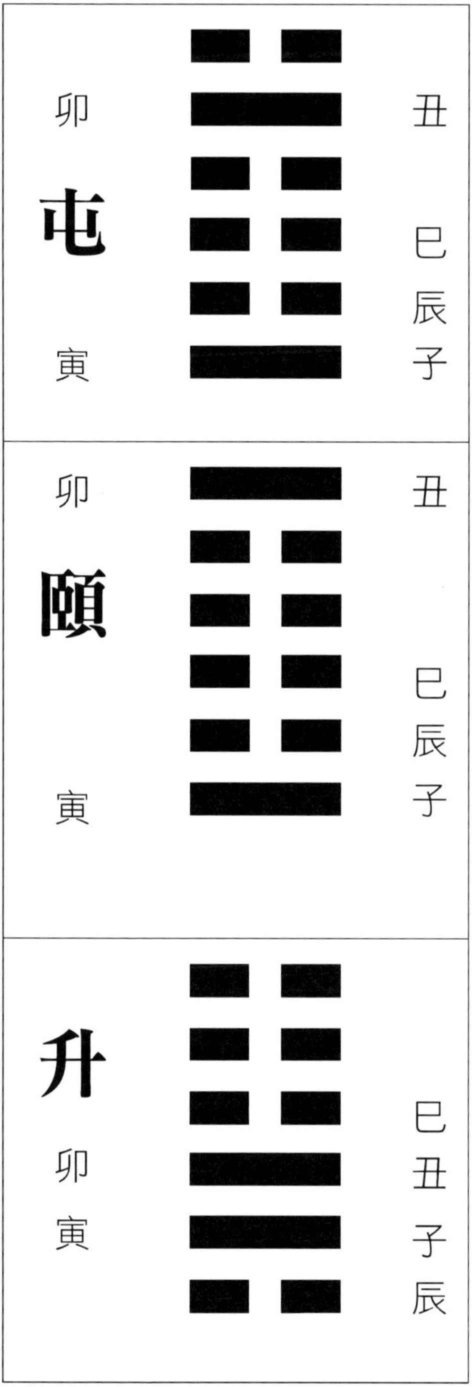

屯

丑　巳　辰　子　卯　寅

頤

丑　巳　辰　子　卯　寅

升

巳　丑　子　辰　卯　寅

卦爻配地支如下：

解䷧—子、丑、寅、卯、辰、巳。

坎䷜—子、丑、寅、卯、辰、巳。

蒙䷃—子、丑、寅、卯、辰、巳。

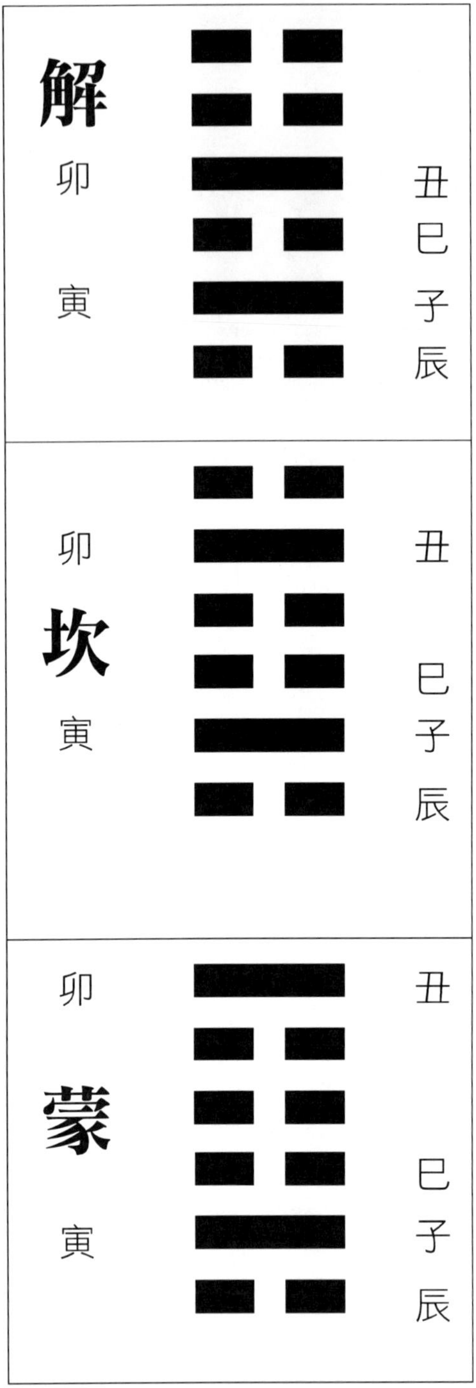

丑
巳
子
辰

解
卯
寅

丑
巳
子
辰

卯
坎
寅

丑
巳
子
辰

卯
蒙
寅

卦爻配地支如下：

小過䷽——子、丑、寅、卯、辰、巳。

蹇䷦——子、丑、寅、卯、辰、巳。

艮䷳——子、丑、寅、卯、辰、巳。

丑 子 巳 辰

卯 寅

小過

丑 子 巳 辰

卯 寅

蹇

丑 子 巳 辰

卯 寅

艮

卦爻配地支如下：

萃䷬——子、丑、寅、卯、辰、巳。

晉䷢——子、丑、寅、卯、辰、巳。

觀䷓——子、丑、寅、卯、辰、巳。

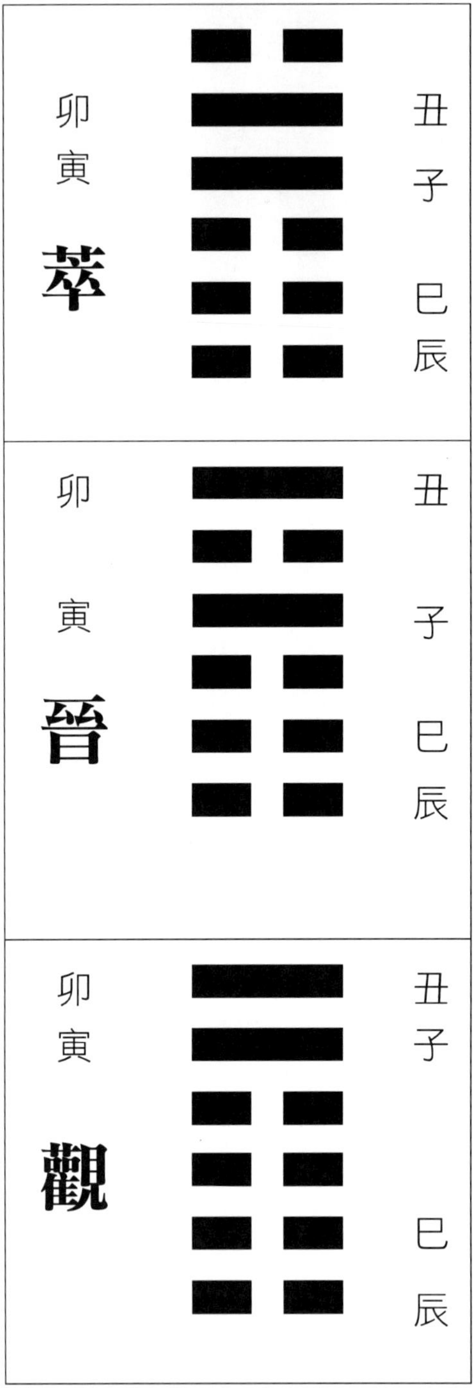

萃
丑 子 巳 辰
䷬
卯 寅

晉
丑 子 巳 辰
䷢
卯 寅

觀
丑 子 巳 辰
䷓
卯 寅

《本篇完》

（十五）三陽爻之命卦變卦法 —— 變元辰卦法之三　　繼大師

三陽卦中以陽時生人（子時至巳時）相配見稱，有三陽爻必有三陰爻而合成六爻卦。若以陰時生人（午時至亥時）相配，便稱為「三陰卦」。

三陽爻之變爻法，以「子」時配附最下之陽爻，「丑」時配附中間之陽爻，以「寅」時配附最上之陽爻。它以最下之陽爻為「子」時，「丑」時在第二之陽爻，「寅」時在第三之陽爻，然後反覆配以「卯、辰、巳」時，以陽爻從下而上排出變爻。

以地天泰卦䷊為例，「子、卯」時配變初爻而成地風升䷭元辰卦。

地天泰卦䷊，以「丑、辰」時配變二爻而成地火明夷䷣元辰卦。

地天泰卦䷊，以「寅、巳」時配變三爻而成地澤臨卦䷒。

（請參考 58 頁地天泰卦䷊圖表。）

三陽爻之卦共有二十個，筆者繼大師現列其變爻如下：

卦爻配地支如下：

泰䷊——子、丑、寅、卯、辰、巳。

歸妹䷵——子、丑、寅、卯、辰、巳。

節䷻——子、丑、寅、卯、辰、巳。

三陽爻起元辰卦變卦表　繼大師

表癸未年孟春

卦	地支	卦象	地支
泰	巳 辰 卯	䷊	寅 丑 子
歸妹	巳 辰 卯	䷵	寅 丑 子
節	巳 辰 卯	䷻	寅 丑 子

卦爻配地支如下：

損䷨——子、丑、寅、卯、辰、巳。

豐䷶——子、丑、寅、卯、辰、巳。

既濟䷾——子、丑、寅、卯、辰、巳。

三陽爻起元辰卦變卦表　繼大師表　癸未年孟春

卦	左	右
損	巳、辰、卯	寅、丑、子
豐	巳、辰、卯	寅、丑、子
既濟	巳、辰、卯	寅、丑、子

卦爻配地支如下：

賁䷕ — 子、丑、寅、卯、辰、巳。

隨䷐ — 子、丑、寅、卯、辰、巳。

噬嗑䷔ — 子、丑、寅、卯、辰、巳。

三陽爻起元辰卦變卦表　繼大師表　癸未年孟春

卦	地支
賁	寅、丑、子；巳、辰、卯
隨	寅、丑、子；巳、辰、卯
噬嗑	寅、丑、子；巳、辰、卯

卦爻配地支如下：

益䷩ — 子、丑、寅、卯、辰、巳。

恒䷟ — 子、丑、寅、卯、辰、巳。

井䷯ — 子、丑、寅、卯、辰、巳。

三陽爻起元辰卦變卦表　繼大師表　癸未年孟春

寅 丑 子

益 ䷩

巳 辰 卯

寅 丑 子

恒 ䷟

巳 辰 卯

寅 丑 子

井 ䷯

巳 辰 卯

卦爻配地支如下：

蠱䷑——子、丑、寅、卯、辰、巳。

困䷮——子、丑、寅、卯、辰、巳。

未濟䷿——子、丑、寅、卯、辰、巳。

三陽爻起元辰卦變卦表　繼大師表　癸未年孟春

卦	左側地支	卦象	右側地支
蠱	巳 辰 卯	䷑	寅 丑 子
困	巳 辰 卯	䷮	寅 丑 子
未濟	巳 辰 卯	䷿	寅 丑 子

卦爻配地支如下：

渙䷺——子、丑、寅、卯、辰、巳。

咸䷞——子、丑、寅、卯、辰、巳。

旅䷷——子、丑、寅、卯、辰、巳。

三陽爻起元辰卦變卦表　繼大師表　癸未年孟春

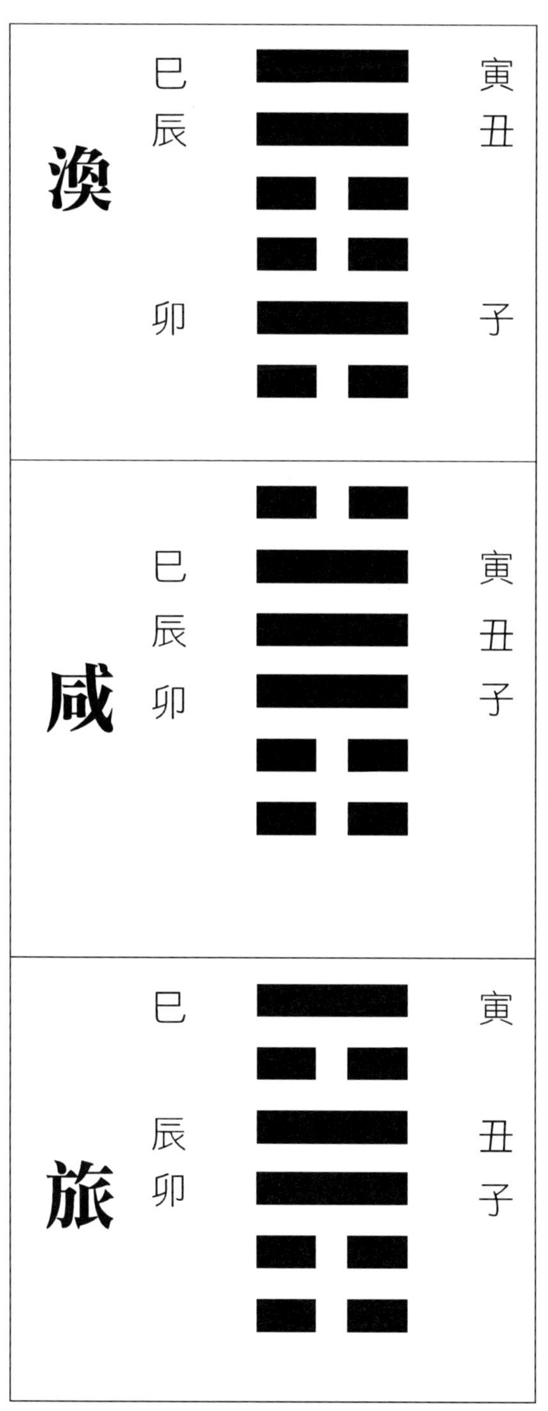

卦爻配地支如下：

漸䷴ — 子、丑、寅、卯、辰、巳。

否䷋ — 子、丑、寅、卯、辰、巳。

三陽爻起元辰卦變卦表　繼大師表　癸未年孟春

地支	卦象	地支	卦名
寅 丑 子	䷴	巳 辰 卯	**漸**
寅 丑 子	䷋	巳 辰 卯	**否**

《本篇完》

（十六）四陽爻之命卦變卦法 —— 變元辰卦法之四

繼大師

四陽爻以上六時（陽時子至巳時）生人相配，若以下午六時（午至亥時）生人相配，則稱為「二陰爻」之變卦法。

四陽爻由「子」時起配最下之陽爻，陽爻行完後，然後始寄於陰爻，由下而上，四陽爻共有十五個六爻卦。

舉雷天大壯卦䷡為例，「子」時配變初陽爻，「丑」時配變二陽爻，「寅」時配變三陽爻，「卯」時配變四陽爻，這初、二、三、四爻均是陽爻，然後配變陰爻，「辰」時配變五爻、「巳」時配變六爻。

四陽爻若是天水訟卦䷅，則子時配變二爻成否卦䷋，丑時配變四爻成渙卦䷺，寅時配變五爻成未濟卦䷿，卯時配變卦六爻成困卦䷮，辰時配變初陰爻成履卦䷉，巳時配變三爻成姤卦䷫，如此類推。（請參考70頁天水訟卦䷅圖表。）

茲列出四陽爻起元辰卦變爻表如下：

大壯䷡——子、丑、寅、卯、辰、巳。

需䷄——子、丑、寅、卯、辰、巳。

大畜䷙——子、丑、寅、卯、辰、巳。

四陽爻起元辰卦變卦表　繼大師表　癸未年孟春

卦	卦象	爻（由上而下）
大壯	䷡	巳　辰　卯　寅　丑　子
需	䷄	巳　卯　辰　寅　丑　子
大畜	䷙	卯　巳　辰　寅　丑　子

兹列出四陽爻起元辰卦變爻表如下：

兑䷹ — 子、丑、寅、卯、辰、巳。

睽䷥ — 子、丑、寅、卯、辰、巳。

中孚䷼ — 子、丑、寅、卯、辰、巳。

四陽爻起元辰卦變卦表　繼大師表　癸未年孟春

卦	卦象	上爻	五爻	四爻	三爻	二爻	初爻
兑	䷹	巳	卯	寅	辰	丑	子
睽	䷥	卯	巳	寅	辰	丑	子
中孚	䷼	卯	寅	巳	辰	丑	子

茲列出四陽爻起元辰卦變爻表如下：

革䷰ —— 子、丑、寅、卯、辰、巳。

離䷝ —— 子、丑、寅、卯、辰、巳。

家人䷤ —— 子、丑、寅、卯、辰、巳。

四陽爻起元辰卦變卦表　　繼大師表　癸未年孟春

卦	卦象	爻（由上至下）
革	䷰	巳、卯、寅、丑、辰、子
離	䷝	卯、巳、寅、丑、辰、子
家人	䷤	卯、寅、巳、丑、辰、子

茲列出四陽爻起元辰卦變爻表如下：

無妄䷘ — 子、丑、寅、卯、辰、巳。

大過䷛ — 子、丑、寅、卯、辰、巳。

鼎䷱ — 子、丑、寅、卯、辰、巳。

四陽爻起元辰卦變卦表　繼大師表　癸未年孟春

卦	爻（由上至下）
無妄	⚊ 卯 ⚊ 寅 ⚊ 丑 ⚋ 巳 ⚋ 辰 ⚊ 子
大過	⚋ 巳 ⚊ 卯 ⚊ 寅 ⚊ 丑 ⚊ 子 ⚋ 辰
鼎	⚊ 卯 ⚋ 巳 ⚊ 寅 ⚊ 丑 ⚊ 子 ⚋ 辰

茲列出四陽爻起元辰卦變爻表如下：

巽䷸ — 子、丑、寅、卯、辰、巳。

訟䷅ — 子、丑、寅、卯、辰、巳。

遯䷠ — 子、丑、寅、卯、辰、巳。

四陽爻起元辰卦變卦表　　繼大師表　癸未年孟春

卦	卦象	爻（由上至下）
巽	䷸	卯、寅、巳、丑、子、辰
訟	䷅	卯、寅、丑、巳、子、辰
遯	䷠	卯、寅、丑、子、巳、辰

《本篇完》

（十七）五陽爻之命卦變卦法 —— 變元辰卦法之五

繼大師

五陽爻以上六時（陽時子至巳時）生人相配，若以下午六時（午至亥時）生人相配，則稱為「一陰爻」之變卦法。

五陽爻由「子」時起配最下之陽爻，由下而上相配，配完後，便寄於陰爻，五陽爻有六個六爻卦，即是：

天風姤卦䷫，天火同人卦䷌，天澤履卦䷉，風天小畜卦䷈，火天大有卦䷍，澤天夬卦䷪。

筆者繼大師今舉天風姤卦䷫為例，「子」時配變二爻成天山遯卦䷠，「丑」時配變三爻成天水訟卦䷅，「寅」時配變四爻成巽卦䷸，「卯」時配變五爻成風火鼎卦䷱，「辰」時配變六爻成澤風大過卦䷛，「巳」時配變初爻成乾卦䷀。

茲列出五陽爻起元辰卦變爻表如下：

姤䷫ — 子、丑、寅、卯、辰、巳。

同人䷌ — 子、丑、寅、卯、辰、巳。

履䷉ — 子、丑、寅、卯、辰、巳。

五陽爻起元辰卦變卦表　　繼大師表癸未年孟春

卦	卦象	爻（由上至下）
姤	䷫	辰 卯 寅 丑 子 巳
同人	䷌	辰 卯 寅 丑 巳 子
履	䷉	辰 卯 寅 巳 丑 子

茲列出五陽爻起元辰卦變爻表如下：

小畜䷈——子、丑、寅、卯、辰、巳。

大有䷍——子、丑、寅、卯、辰、巳。

夬䷪——子、丑、寅、卯、辰、巳。

五陽爻起元辰卦變卦表　繼大師表癸未年孟春

卦	卦象	爻（由上至下）
小畜	䷈	辰 卯 巳 寅 丑 子
大有	䷍	辰 巳 卯 寅 丑 子
夬	䷪	巳 辰 卯 寅 丑 子

《本篇完》

繼大師

（十八）六陽爻之命卦變卦法 —— 變元辰卦法之六

六陽爻之命卦，即是六十四卦中之乾卦䷀，在起元辰卦之變爻法上，它分男命及女命之排法。首先，男命乾卦䷀分上六時（**子時至巳時**）及下六時（**午時至亥時**）生人，其排法如下：

（一）男命乾卦䷀上六時生 ——「子、卯」時在初爻，「丑、辰」時在二爻，「寅、巳」時在三爻。其原理是以「子」時順序配初爻而上至三爻，再以「卯」時配初爻而至三爻止。

（二）男命乾卦䷀下六時生 ——「午、酉」時在四爻，「未、戌」時在五爻，「申、亥」時在六爻。其原理是以「午」時順序配四爻而上至六爻，再以「酉」時配四爻而上至六爻止。

茲列表如下：

男命六陽爻起元辰卦變爻表　　繼大師表　癸未年孟春

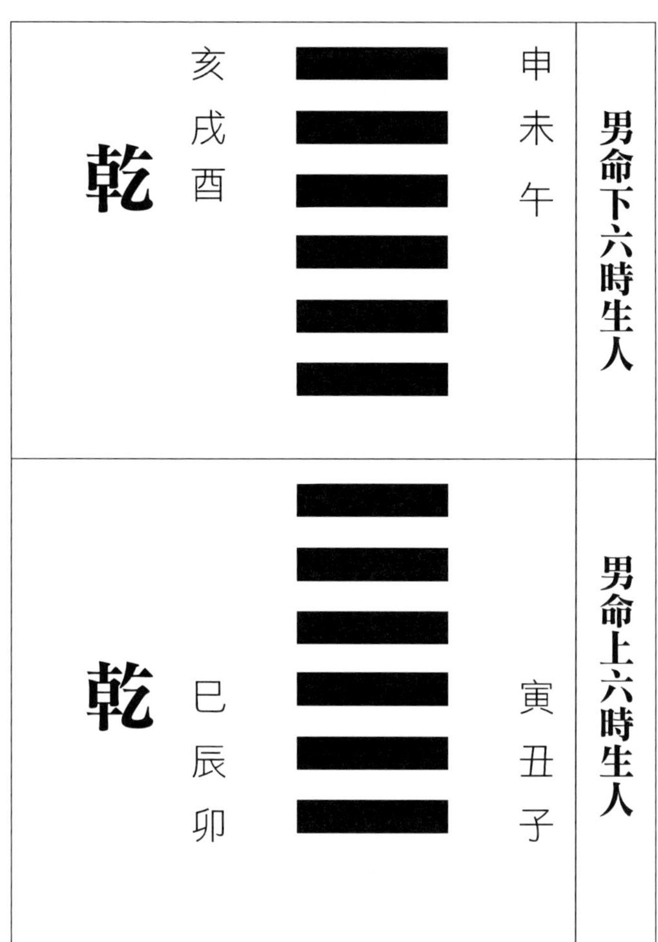

男命上六時生人——由初爻排至三爻

乾卦䷀——子、丑、寅、卯、辰、巳。

男命下六時生人——由四爻排至六爻

乾卦䷀——午、未、申、酉、戌、亥。

女命卦若得乾卦䷀（六陽爻），除分上六時及下六時出生外，亦要分冬至後夏至前生，及夏至後冬至前生，其變元辰卦爻法如下：

（一）女命六陽爻命卦，生於冬至後夏之前（約十二月二十二日至翌年六月二十二日）上六時生人——「子、卯」時變上爻，「丑、辰」時變五爻，「寅、巳」時變四爻，以「子」時由六爻而下至四爻，再以「卯」時重覆配六爻而下至四爻「巳」時止。

（二）女命六陽爻命卦，下午六時生，於冬至後夏至前（約十二月二十二日至翌年

六月二十二日）——「午、酉」時變三爻，「未、戌」時變二爻，「申、亥」時變初爻，

以「午」時由三爻而下至初爻，再以「酉」時重覆配三爻而下至初爻止。

（三）女命六陽爻命卦，上六時生，於夏至後冬至前（約每年六月二十二日至十二月二十二日）「子、卯」時變初爻，「丑、辰」時變二爻，「寅、巳」時變三爻。

以「子」時由初爻而上至三爻，再以「卯」時重覆配初爻而上至三爻止。

（四）女命六陽爻命卦，下六時生，於夏至後冬至前（約每年六月二十二日至十二月二十二日）——「午、酉」時變四爻，「未、戌」時變五爻，「申、亥」時變六爻。

以「午」時由四爻而上至六爻，再以「酉」時重覆配四爻而上至六爻止。

茲列表如下：

女命六陽爻起元辰卦變爻表　繼大師表　癸未年孟春

冬至後夏至前（約十二月二十二日至翌年六月二十二日）

上六時生	下六時生
子丑寅 ䷀ 卯辰巳	午未申 ䷀ 酉戌亥

夏至後冬至前（約每年六月二十二日至翌年十二月二十二日）

上六時生	下六時生
寅丑子 ䷀ 巳辰卯	申未午 ䷀ 亥戌酉

冬至後夏至前（約十二月二十二日至翌年六月二十二日）

上六時生——由六爻排至四爻，共排兩次。

䷁——「子、丑、寅」，「卯、辰、巳」。

下六時生——由三爻排至初爻，共排兩次。

䷁——「午、未、申」，「酉、戌、亥」。

夏至後冬至前（約每年六月二十二日至翌年十二月二十二日）

上六時生——由初爻排至三爻，共排兩次。

䷁——「子、丑、寅」，「卯、辰、巳」。

下六時生——由四爻排至六爻，共排兩次。

䷁——「午、未、申」，「酉、戌、亥」。

舉兩例如下：

例一：男命生於陽曆二〇〇三年三月十九日下午二時未時，四柱八字是：

2　癸未　5，10　年
2　乙卯　3，8　月
4　辛卯　3，8　日
2　乙未　5，10　時

天數五、三、三、五各相加等於十六，未滿二十五之基數，用十六之個位六數是乾卦䷀。

地數二、十、二、八、四、八、二、十各相加等於四十六減去三十之基數等於十六，用其個位六數是乾卦☰。

男命陰年，天數在下，地數在上，為六爻卦之乾卦䷀，「未」時為下午六時，元辰卦變五爻，故此這命卦是乾卦䷀，元辰卦是火天大有卦䷍。（請參考75頁圖表。）

例二：若例一之生辰是女命，則女命陰年，天數在上，地數在下，命卦仍然是乾卦䷀。

女命六陽爻，此命生於三月十九日，在冬至後夏至前，在下六時生（未時生），其元辰卦之變爻在二爻，所以：

命卦 —— 為乾卦䷀

元辰卦 —— 為天火同人卦䷌。（請參考78頁圖表。）

《本篇完》

（十九）一陰爻之命卦變卦法 — 變元辰卦法之七

繼大師

一陰爻以下六時（午時至亥時）生人相配，故稱之為「一陰爻」，若以上六時（子時至巳時）生人相配，則稱為「五陽爻」。

一陰爻以「午、未」二時配於卦之陰爻中，然後「申」時配最下之陽爻，由下而上相配。

例如命卦是天風姤卦䷫。則：

「午、未」時配姤卦䷫之陰爻而變成乾卦䷀。

「申」時配變二爻成遯卦䷠。

「酉」時配變三爻成訟卦䷅。

「戌」時配變四爻成巽卦䷸。

「亥」時配變五爻成鼎卦䷱。如此類推。（請參考83頁天風姤卦䷫圖表。）

陰爻先排，然後排陽爻。

姤䷫——午、未、申、酉、戌、亥。

同人䷌——午、未、申、酉、戌、亥。

履䷉——午、未、申、酉、戌、亥。

一陰爻起元辰卦變爻表　繼大師表　癸未年孟春

卦	卦象	爻
姤	䷫	亥 戌 酉 申 午　未
同人	䷌	亥 戌 酉 午 申　未
履	䷉	亥 戌 午 酉 申　未

陰爻先排，然後排陽爻。

小畜䷈——午、未、申、酉、戌、亥。

大有䷍——午、未、申、酉、戌、亥。

夬䷪——午、未、申、酉、戌、亥。

一陰爻起元辰卦變爻表　繼大師表

卦名	卦象	地支
小畜	䷈	未（陰爻）；亥、午、戌、酉、申
大有	䷍	未（陰爻）；午、亥、戌、酉、申
夬	䷪	未（陰爻）；午、亥、戌、酉、申

《本篇完》

（二十）二陰爻之命卦變卦法 —— 變元辰卦法之八

繼大師

二陰爻之命卦，其生人是下六時所生，即「午」時至「亥」時，故稱之為「二陰爻」，若以上六時（子時至巳時）生人相配，則稱為「四陽爻」。

二陰爻以「午、申」二時配於卦中之最低陰爻，以「未、酉」二時配於卦中最高之陰爻，然後「戌」時配最下之陽爻，「亥」時配第二高位之陽爻，如此類推。

以火風鼎卦䷱為例：

「午」時生人配初爻配變成火天大有卦䷍。

「未」時生人配五爻配變成天風姤卦䷫。

「申」時與「午」時同變初爻成火天大有卦䷍。

「酉」時與「未」時同變五爻成天風姤卦䷫。

「戌」時在二爻配變成火山旅卦䷷。

「亥」時生人在三爻配變成火水未濟卦䷿如此類推。請參考89頁火風鼎卦䷱圖表。

陰爻先排，然後排陽爻，由下而上。

大壯䷡ — 午、未、申、酉、戌、亥。

需䷄ — 午、未、申、酉、戌、亥。

大畜䷙ — 午、未、申、酉、戌、亥。

二陰爻之命卦起元辰卦變爻表

繼大師表

癸未年孟春

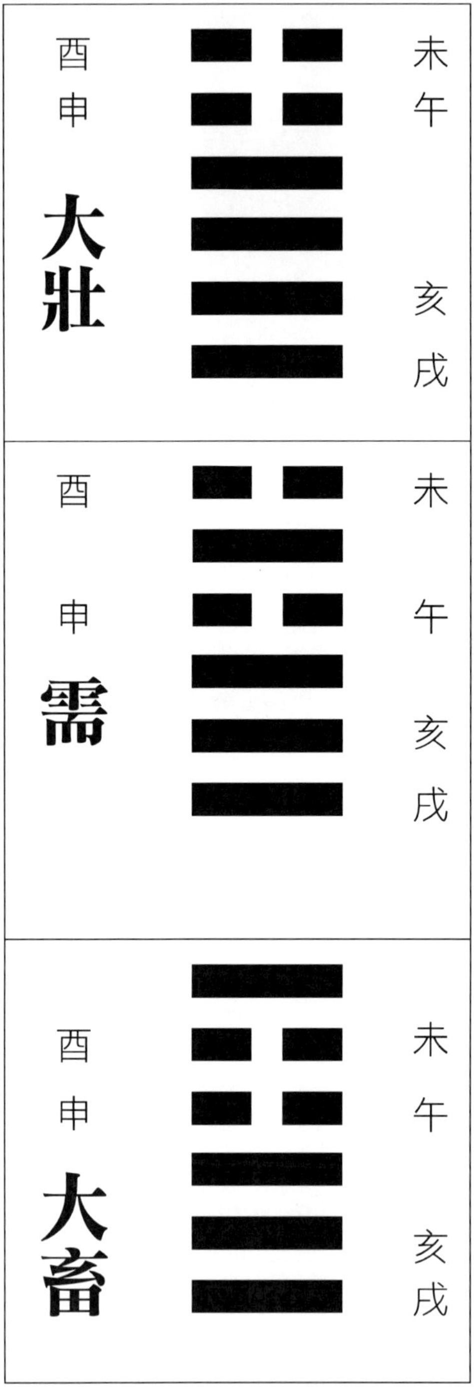

卦	卦象	爻位
大壯	䷡	未 午 亥 戌 酉 申
需	䷄	未 午 亥 戌 酉 申
大畜	䷙	未 午 亥 戌 酉 申

陰爻先排，然後排陽爻，由下而上。

兌䷹ — 午、未、申、酉、戌、亥。

睽䷥ — 午、未、申、酉、戌、亥。

中孚䷼ — 午、未、申、酉、戌、亥。

繼大師表

癸未年孟春

卦	右	卦象	左
兌	未、午、亥、戌	䷹	酉、申
睽	未、午、亥、戌	䷥	酉、申
中孚	未、午、亥、戌	䷼	酉、申

陰爻先排，然後排陽爻，由下而上。

革䷰ — 午、未、申、酉、戌、亥。

離䷝ — 午、未、申、酉、戌、亥。

家人䷤ — 午、未、申、酉、戌、亥。

繼大師表

癸未年孟春

未　亥　午　戌

䷰

酉　**革**　申

未　亥　午　戌

䷝

酉　**離**　申

未　亥　午　戌

䷤

家人　酉　申

陰爻先排，然後排陽爻，由下而上。

無妄䷘——午、未、申、酉、戌、亥。

大過䷛——午、未、申、酉、戌、亥。

鼎䷱——午、未、申、酉、戌、亥。

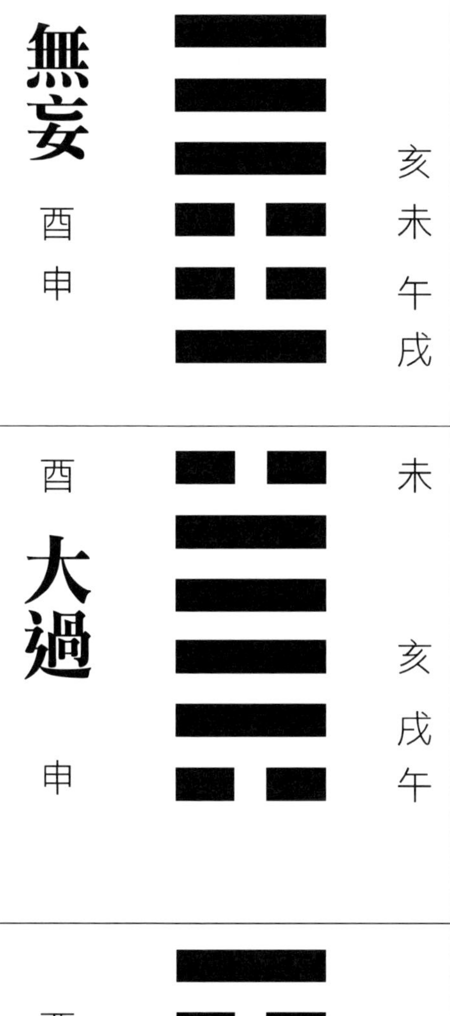

陰爻先排，然後排陽爻，由下而上。

巽䷸——午、未、申、酉、戌、亥。

訟䷅——午、未、申、酉、戌、亥。

遯䷠——午、未、申、酉、戌、亥。

未 亥 戌 午

酉 **巽** 申

亥 未 戌 午

訟 酉 申

亥 戌 未 午

遯 酉 申

《本篇完》

（廿一）三陰爻之命卦變卦法 —— 變元辰卦法之九　繼大師

三陰爻，以生人之陰時（下六時 — 午時至亥時）相配 而使命卦變爻成元辰卦，若以陽時生人相配，則稱之為「三陽爻」了。

三陰爻以「午」時生人配最下之陰爻，「未」時配中間之陰爻，「申」時配最上之陰爻，然後再重覆由最下之陰爻配「酉」時，「戌」時與「未」時同配中間之陰爻，「亥」時與「申」時同配最上之陰爻。

三陰爻命卦，是以陰時配陰爻，不配陽爻，以水火既濟卦䷾為例：

「午、酉」二時配二爻而變成水天需卦䷄。

「未、戌」二時配四爻而變成澤火革卦䷰。

「申、亥」二時配六爻而變成風火家人卦䷤。（請參考93頁既濟卦䷾圖表。）

茲列出三陰爻起元辰變卦爻表如下：

三陰爻，只排陰爻，由下而上。

泰䷊ — 午、未、申、酉、戌、亥。

歸妹䷵ — 午、未、申、酉、戌、亥。

節䷻ — 午、未、申、酉、戌、亥。

三陰爻起元辰卦變爻表　繼大師表　癸未年孟春

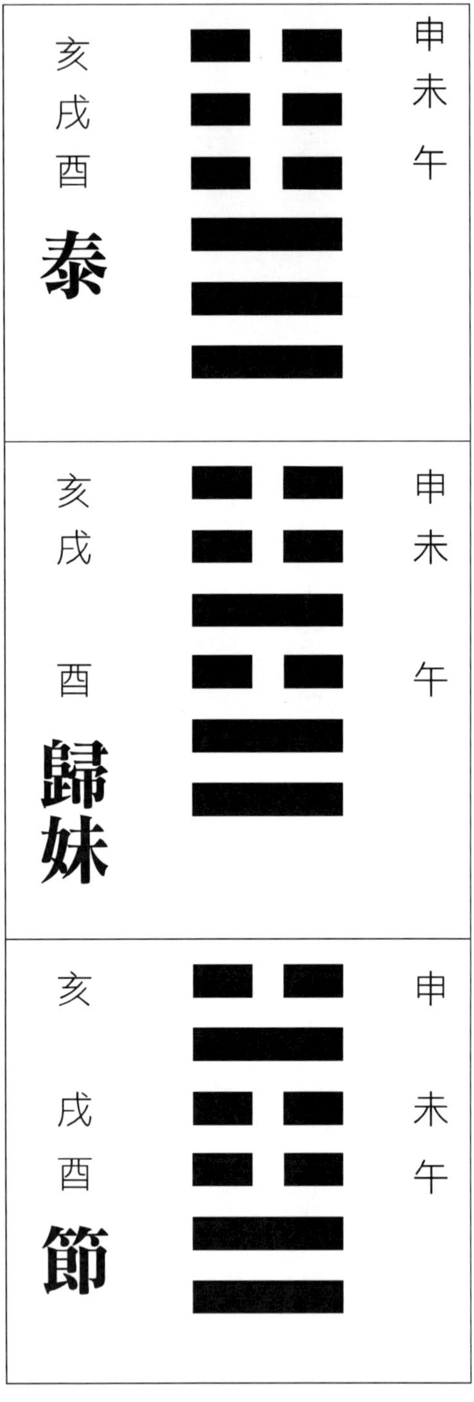

卦	陰爻（左）	陰爻（右）
泰	亥 戌 酉	申 未 午
歸妹	亥 戌 酉	申 未 午
節	亥 戌 酉	申 未 午

三陰爻，只排陰爻，由下而上。

損䷨——午、未、申、酉、戌、亥。

豐䷶——午、未、申、酉、戌、亥。

既濟䷾——午、未、申、酉、戌、亥。

三陰爻起元辰卦變爻表　繼大師表　癸未年孟春

申 未 午	卦象	亥 戌 酉	卦名
申 未 午	䷨	亥 戌 酉	損
申 未 午	䷶	亥 戌 酉	豐
申 未 午	䷾	亥 戌 酉	既濟

三陰爻，只排陰爻，由下而上。

賁䷕——午、未、申、酉、戌、亥。

隨䷐——午、未、申、酉、戌、亥。

噬嗑䷔——午、未、申、酉、戌、亥。

三陰爻起元辰卦變爻表　繼大師表

癸未年孟春

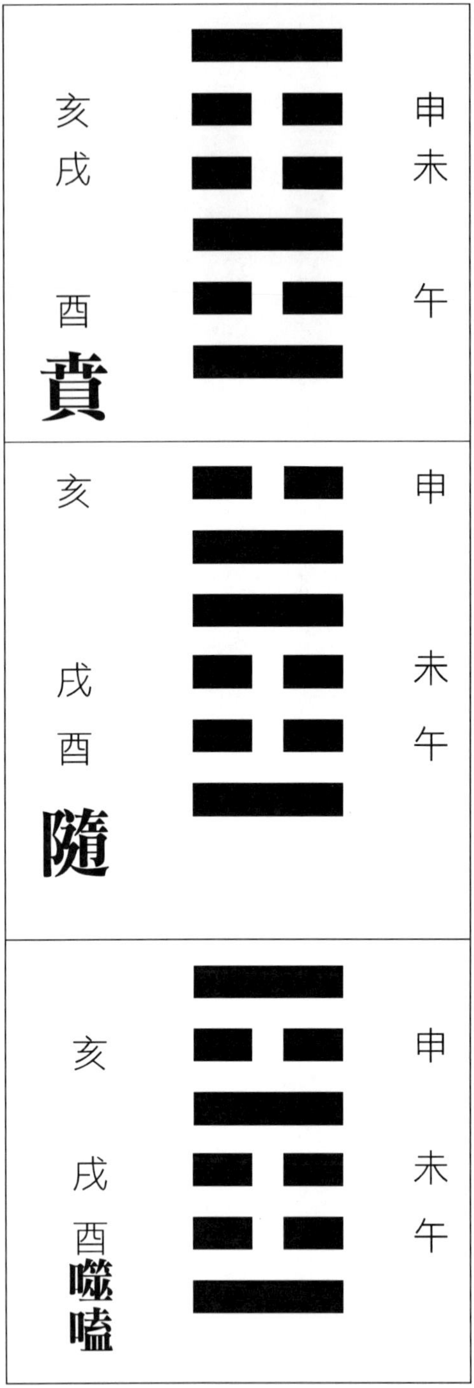

申
未
午
亥
戌
酉
賁

申
未
午
亥
戌
酉
隨

申
未
午
亥
戌
酉
噬嗑

三陰爻，只排陰爻，由下而上。

三陰爻起元辰卦變爻表　繼大師表　癸未年孟春

益䷩——午、未、申、酉、戌、亥。

恒䷟——午、未、申、酉、戌、亥。

井䷯——午、未、申、酉、戌、亥。

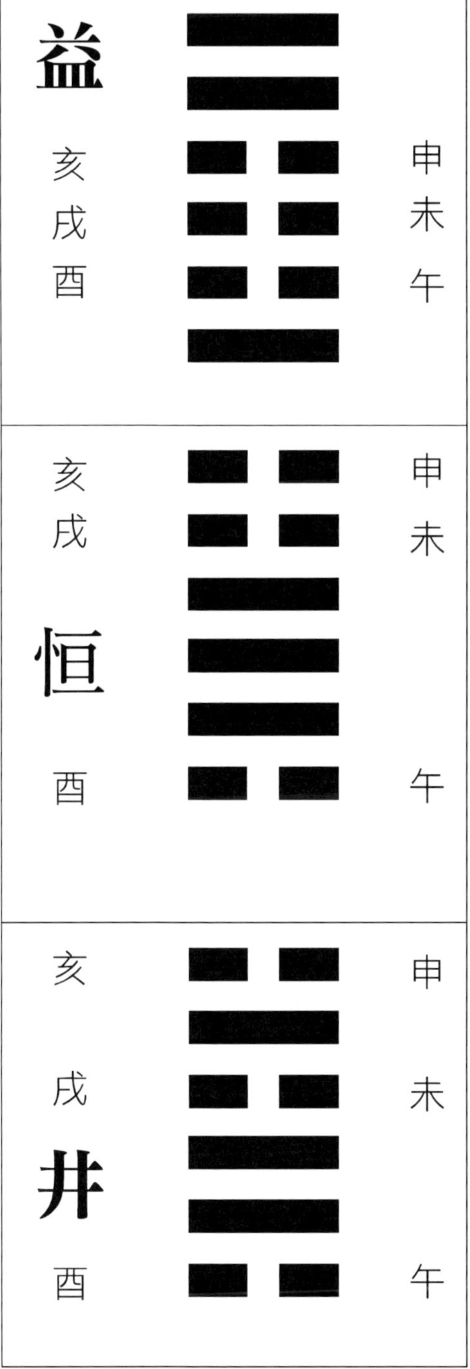

三陰爻，只排陰爻，由下而上。

三陰爻起元辰卦變爻表　繼大師表　癸未年孟春

蠱䷑ — 午、未、申、酉、戌、亥。

困䷮ — 午、未、申、酉、戌、亥。

未濟䷿ — 午、未、申、酉、戌、亥。

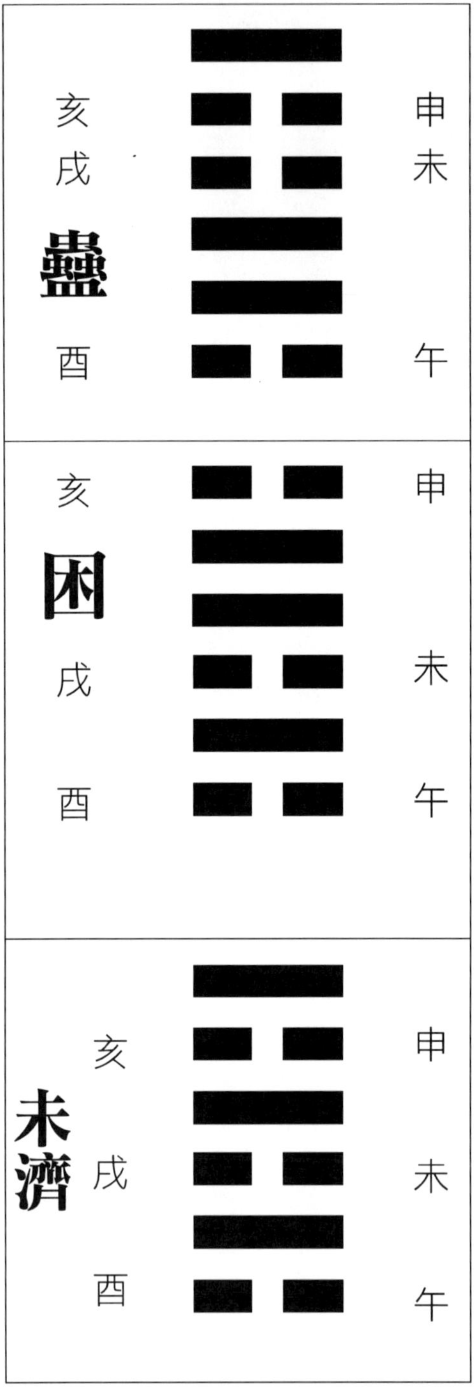

卦	卦象	右	左
蠱	䷑	申、未、午	亥、戌、酉
困	䷮	申、未、午	亥、戌、酉
未濟	䷿	申、未、午	亥、戌、酉

三陰爻，只排陰爻，由下而上。

三陰爻起元辰卦變爻表　繼大師表　癸未年孟春

渙䷺ ── 午、未、申、酉、戌、亥。

咸䷞ ── 午、未、申、酉、戌、亥。

旅䷷ ── 午、未、申、酉、戌、亥。

卦	左	爻	右
渙		⚊	
		⚊	
	亥	⚋	申
	戌	⚋	未
		⚊	
	酉	⚋	午
咸	亥	⚋	申
		⚊	
		⚊	
		⚊	
	戌	⚋	未
	酉	⚋	午
旅		⚊	
	亥	⚋	申
		⚊	
		⚊	
	戌	⚋	未
	酉	⚋	午

三陰爻，只排陰爻，由下而上。

漸䷴ — 午、未、申、酉、戌、亥。

否䷋ — 午、未、申、酉、戌、亥。

三陰爻起元辰卦變爻表　　繼大師表　　癸未年孟春

卦		
漸 ䷴	亥　戌酉	申　未午
否 ䷋	亥　戌酉	申　未午

《本篇完》

（廿二）四陰爻之命卦變卦法 —— 變元辰卦法之十

繼大師

四陰爻，以生人之陰時（下六時 —— 午時至亥時）相配，使命卦變爻成元辰卦，若以陽時生人相配，則稱之為「二陽爻」了，因六爻卦必有六爻神。

四陰爻以「午」時至「亥」時，順序由最下一陰爻依時辰而排列，以配陰爻為先，陰爻配完後，再由下而上配以陽爻。

以地澤臨卦䷒為例：

「午」時配三爻而變成地天泰䷊元辰卦。

「未」時生人配四爻而變成雷澤歸妹䷵。

「申」時生人配五爻而變成水澤節䷻元辰卦。

「酉」時生人配上爻而變成山澤損䷨元辰卦。

配完陰爻後，由「戌」時生人開始，配初爻之陽爻而變成地水師䷆元辰卦。

「亥」時生人配二爻之陽爻而變成地雷復䷗元辰卦，如此類推。

先排四陰爻，「午、未、申、酉」，然後再排陽爻「戌、亥」，由下而上。

臨䷒ — 午、未、申、酉、戌、亥。

明夷䷣ — 午、未、申、酉、戌、亥。

震䷲ — 午、未、申、酉、戌、亥。

四陰爻起元辰卦變爻表　　繼大師表

癸未年孟春

臨		明夷		震	
⚋	酉	⚋	酉	⚋	酉
⚋	申	⚋	申	⚋	申
⚋	未	⚋	未	⚊	亥
⚋	午	⚊	亥	⚋	未
⚊	亥	⚋	午	⚋	午
⚊	戌	⚊	戌	⚊	戌

先排四陰爻，「午、未、申、酉」，然後再排陽爻「戌、亥」，由下而上。

屯䷂ ── 午、未、申、酉、戌、亥。

頤䷚ ── 午、未、申、酉、戌、亥。

升䷭ ── 午、未、申、酉、戌、亥。

四陰爻起元辰卦變爻表　　繼大師表　　癸未年孟春

卦	爻（由上而下）
屯	酉、亥、申、未、午、戌
頤	亥、酉、申、未、午、戌
升	酉、申、未、亥、戌、午

先排四陰爻，「午、未、申、酉」，然後再排陽爻「戌、亥」，由下而上。

解䷧ — 午、未、申、酉、戌、亥。

坎䷜ — 午、未、申、酉、戌、亥。

蒙䷃ — 午、未、申、酉、戌、亥。

四陰爻起元辰卦變爻表　繼大師表　癸未年孟春

卦	爻	地支
解	⚋	酉
	⚋	申
	⚊	亥
	⚋	未
	⚊	戌
	⚋	午
坎	⚋	酉
	⚊	亥
	⚋	申
	⚋	未
	⚊	戌
	⚋	午
蒙	⚊	亥
	⚋	酉
	⚋	申
	⚋	未
	⚊	戌
	⚋	午

先排四陰爻，「午、未、申、酉」，然後再排陽爻「戌、亥」，由下而上。

小過䷽ — 午、未、申、酉、戌、亥。

蹇䷦ — 午、未、申、酉、戌、亥。

艮䷳ — 午、未、申、酉、戌、亥。

四陰爻起元辰卦變爻表　繼大師表　癸未年孟春

卦	爻	地支
小過	⚋	酉
	⚋	申
	⚊	亥
	⚊	戌
	⚋	未
	⚋	午
蹇	⚋	酉
	⚊	亥
	⚋	申
	⚊	戌
	⚋	未
	⚋	午
艮	⚊	亥
	⚋	酉
	⚋	申
	⚊	戌
	⚋	未
	⚋	午

先排四陰爻「午、未、申、酉」，然後再排陽爻「戌、亥」，由下而上。

萃䷬ — 午、未、申、酉、戌、亥。

晉䷢ — 午、未、申、酉、戌、亥。

觀䷓ — 午、未、申、酉、戌、亥。

四陰爻起元辰卦變爻表　繼大師表　癸未年孟春

萃	䷬	酉	亥	戌	申	未	午
晉	䷢	亥	酉	戌	申	未	午
觀	䷓	亥	戌	酉	申	未	午

《本篇完》

（廿三）五陰爻之命卦變卦法 —— 變元辰卦法之十一

繼大師

五陰爻，以生人之陰時（下六時 —— 午時至亥時）相配而使命卦變爻成元辰卦，若以陽時（上六時 —— 子時至巳時）生人相配，則稱為「一陽爻」。

五陰爻以「午」時至「亥」時生人，順序由最下一陰之爻開始，配完陰爻後再配餘下一陽之爻。

以地山謙卦䷎為例：

「午」時生人配初爻而變成地火明夷䷣元辰卦。

「未」時生人配二爻而變成地風升䷭元辰卦。

「申」時生人配四爻而變成雷山小過䷽元辰卦。

「酉」時生人配五爻而變成水山蹇䷦元辰卦。

「戌」時生人配上爻而變成艮卦䷳元辰卦。

配完各陰爻後，「亥」時生人則配餘下之陽爻（第三爻）而變成坤卦䷁元辰卦，如此類推。

先排五陰爻「午、未、申、酉、戌」，然後再排一陽爻在「亥」支上，由下而上。

謙䷎ — 午、未、申、酉、戌、亥。

師䷆ — 午、未、申、酉、戌、亥。

復䷗ — 午、未、申、酉、戌、亥。

五陰爻起元辰卦變爻表　　繼大師表　　癸未年孟春

卦	爻（由上而下）	地支
謙	⚋	戌
	⚋	酉
	⚋	申
	⚊	亥
	⚋	未
	⚋	午
師	⚋	戌
	⚋	酉
	⚋	申
	⚋	未
	⚊	亥
	⚋	午
復	⚋	戌
	⚋	酉
	⚋	申
	⚋	未
	⚋	午
	⚊	亥

先排五陰爻「午、未、申、酉、戌」，然後再排一陽爻在「亥」支上，由下而上。

剝䷖ — 午、未、申、酉、戌、亥。

比䷇ — 午、未、申、酉、戌、亥。

豫䷏ — 午、未、申、酉、戌、亥。

五陰爻起元辰卦變爻表　繼大師表　癸未年孟春

卦	爻（由上而下）	地支
剝	⚊	亥
	⚋	戌
	⚋	酉
	⚋	申
	⚋	未
	⚋	午
比	⚋	戌
	⚊	亥
	⚋	酉
	⚋	申
	⚋	未
	⚋	午
豫	⚋	戌
	⚋	酉
	⚊	亥
	⚋	申
	⚋	未
	⚋	午

《本篇完》

（廿四）六陰爻之命卦變卦法 —— 變元辰卦法之十二

繼大師

六陰爻之命卦，即六十四卦中之坤卦䷁，在起元辰卦之變爻法上，排法分男命及女命吧。

男女命中，又分上六時（子時至巳時）及下六時（午時至亥時）生人，其排法如下：

（一）女命坤卦䷁上六時生 ——「子、卯」變初爻，「丑、辰」時變二爻，「寅、巳」時變三爻。其原理是以「子」時至「巳」時，順序配變初爻而上至三爻，再以「卯」時配變初爻而上至三爻止。

（二）女命坤卦䷁下六時生 ——「午、酉」時變四爻，「未、戌」時變五爻，「申、亥」時變六爻。其原理以「午」時「亥」時順序配變四爻而上至六爻，再以「酉」時配變四爻而上至六爻止。

女命坤卦䷁起元辰變卦爻表如下：

女命上六時生人 — 坤卦☷ — 子、丑、寅、卯、辰、巳。

女命下六時生人 — 坤卦☷ — 午、未、申、酉、戌、亥。

女命六陰爻起元辰卦變卦表　繼大師表　癸未年孟春

女命上六時生人	女命下六時生人
寅丑子	申未午
巳辰卯	亥戌酉

女命上六時生人 — 坤卦䷁ — 「子、卯」時，變初爻為地雷復卦䷗，「丑、辰」時，變二爻為地水師卦䷆，「寅、巳」時，變三爻為地山謙卦䷎。

女命下六時生人 — 坤卦䷁ — 「午、酉」時，變四爻為雷地豫卦䷏，「未、戌」時變五爻為水地比卦䷇，「申、亥」時，變六爻為山地剝卦䷖。

男命卦若得坤卦䷁（六陰爻），除分上六時及下六時外，亦要分冬至後，夏至前生，及夏至後，冬至前生，其變元辰卦爻法如下：

（一）男命六陰爻命卦坤卦䷁，上六時生，於夏至後冬至前，（約每年六月二十二至十二月二十二日，陽曆計算）以「子」時由六爻而下至四爻，再以「卯」時重覆配六爻而下至四爻「巳」時止。

以「子、卯」時坤卦䷁變六爻為山地剝卦䷖。

以「丑、辰」時坤卦䷁變五爻為水地比卦䷇。

以「寅、巳」時坤卦䷁變四爻為雷地豫卦䷏。

（二）男命六陰爻命卦坤卦䷁，下六時生，於夏至後冬至前，（約在陽曆每年六月二十二日至十二月二十二日）以「午」時由三爻而下至初爻，再以「酉」時重覆配變三爻而下至初爻「亥」時止。

以「午、酉」時坤卦䷁變三爻為地山謙卦䷎。

以「未、戌」時坤卦䷁變二爻為地水師卦䷆。

以「申、亥」時坤卦䷁變初爻為地雷復卦䷗。

（三）男命六陰爻命卦坤卦䷁，上六時生，於冬至後夏至前，（約在陽曆十二月二十二日至翌年六月二十二日）以「子」時由初爻上至三爻，再以「卯」時重覆配變初爻而上至三爻「巳」時止。

以「子、卯」時變初爻為地雷復卦䷗。

以「丑、辰」時變二爻為地水師卦䷆。

以「寅、巳」時變三爻為地山謙卦䷎。

（四）男命六陰爻命卦坤卦䷁，下六時生，於冬至後夏至前（約在陽曆十二月二十二至翌年六月二十二日）以「午」時由四爻上至六爻，再以「酉」時重覆配變四爻而上至六爻「亥」時止。

以「午、酉」時變四爻為雷地豫卦䷏。

以「未、戌」時變五爻為水地比卦䷇。

以「申、亥」時變六爻為山地剝卦䷖。

男命六陰爻起元辰卦變爻表　繼大師表　癸未年孟春

期間	上六時生	下六時生
夏至後冬至前（約每年六月二十二日至十二月二十二日）	子丑寅　卯辰巳	午未申　酉戌亥
冬至後夏至前（約十二月二十二日至翌年六月二十二日）	寅丑子　巳辰卯	申未午　亥戌酉

舉兩例如下：

例一：男命陰年，生於陽曆二〇〇三年三月二十三日正午十二時（午時），四柱八字如下：

2　癸未　5，10　年
2　乙卯　3，8　月
2　乙未　5，10　日
6　壬午　2，7　時

單數（天數）—五、三、五、七相加等於二十，未滿二十五之基數，故二十只有拾位數中之二數，二是坤卦☷。

雙數（地數）—二、十、二、八、二、十、六、二，合共四十二，減去地數之基數三十，等於十二，個位數是二，二是坤卦☷。

男命陰年，地卦在上，天卦在下，成六爻卦命卦是坤卦䷁，此命生於下六時（午時），在冬至後，翌年夏至前，故此起元辰卦之變爻在四爻。即是：

命卦 — 坤卦䷁

元辰卦 — 雷地豫䷏ （見 113 頁卦圖表）

若是女命陰年，同生於上例一日課，則天卦在上，地卦在下，亦成六爻卦坤卦䷁，而女命下六時生（午時），其元辰卦之變爻亦在四爻，命卦仍是坤卦䷁，元辰卦仍是雷地豫卦䷏。與男命陰年相同。（見 109 頁卦圖表）

例二：男命陰年，生於陽曆二〇一三年十月十六日下午二時「未」時，四柱八字是：

2 癸巳 2、7 年
6 壬戌 5、10 月
2 乙卯 3、8 日
2 癸未 5、10 時

天數（單數）七、五、三、五，合共二十，未滿天數之二十五基數，逢二十數數只用二數，是坤卦☷。

地數（雙數）二、二、六、十、二、八、二、十，合共四十二，減去地數之三十基數得十二，只用過位二數，是坤卦☷。

男命陰年，天數在下，地數在上，成坤命卦䷁，男命六陰爻命卦，生於夏至後，冬至前之下六時（未時），其元辰卦之變爻在二爻，成地水師卦䷆。

故此，這日課下六時「未」時生之男命生人是：

男命命卦 — 坤卦䷁

男命元辰卦 — 地水師卦䷆ （見113頁卦圖表）

若女命生於此日課，下六時「未」時生人，其元辰卦是變五爻，故此女命生人是：

女命命卦 —— 坤卦䷁

女命元辰卦 —— 水地比卦䷇

（見 109 頁卦圖表）

《本篇完》

（廿五）中國古今歷代大小三元元運對照表

繼大師

朝代元運，以公元年份作記錄。

五帝：黃帝，顓頊（音專郁），帝嚳（嚳音酷），堯，舜。

「帝嚳，堯，舜」：約公元前廿六世紀初 —— 公元前廿二世至公元前廿一世。

夏：約公元前廿二世紀末至約公元前廿一世紀。—— 約公元前十七世紀。

商：約公元前十七世紀 —— 約公元前十一世紀。

周：約公元前十一世紀 —— 公元前 256 年。

西周：約公元前十一世紀 —— 公元前 771 年。

東周：約公元前 770 年 —— 公元前 256 年。

秦：約公元前 221 年 —— 公元前 206 年。

漢：約公元前 206 年 —— 公元 220 年。

三國：公元 220 年 —— 公元 280 年。

晉：公元 265 年 —— 公元 420 年。

南北朝：公元 420 年 —— 公元 589 年。

隋：公元 581 年 —— 公元 618 年。

唐：公元 618 年 —— 公元 907 年。

五代：公元 907 年 —— 公元 960 年。

宋 —— 北宋：公元 960 年 —— 公元 1127 年。

南宋：公元 1127 年 —— 公元 1279 年。

遼：公元 907 年 —— 公元 1125 年。

金：公元 1115 年 — 公元 1234 年。

元：公元 1206 年 — 公元 1368 年。

明：公元 1368 年 — 公元 1644 年。

清：公元 1616 年 — 公元 1911 年。

中華民國：公元 1912 年 —

中華人民共和國：公元 1949 年 —

附中國古今歷代大小三元元運對照表如下：

五帝：黃帝，顓頊（音專郁），帝嚳（嚳音酷），堯，舜。「帝嚳，堯，舜」：約公元前廿六世紀初——公元前廿二世至公元前廿一世。 夏：約公元前廿二世紀末至約公元前廿一世紀。——約公元前十七世紀。商：約公元前十七世紀 —— 約公元前十一世紀。
周：約公元前十一世紀——公元前256年。西周：約公元前十一世紀——公元前771年。東周：約公元前770年 —— 公元前256年。秦：約公元前221年 ——公元前206年。
漢：約公元前206年 —— 公元220年。三國：公元220年 —— 公元280年。晉：公元265年——公元420年。南北朝：公元420年——公元589年。隋：公元581 —— 公元618年。
唐：公元618年——公元907年。五代：公元907年——公元960年。
宋 ——北宋：公元960年——公元1127年。南宋：公元1127 ——公元1279年。 遼：公元907年 ——公元1125年。
金：公元1115年 —— 公元1234年。
元：公元1206年——公元1368年。
明：公元1368年 ——公元1644年。
清：公元1616年——公元1911年。
中華民國：公元1912年——

運九元三大															運元
運九元三小															
838	839	840	841												前元西
四	三	二	厲王 胡		西周										帝朝 號代
癸亥	壬戌	辛酉	庚申	己未	戊午	丁巳	丙辰	乙卯	甲寅	癸丑	壬子	辛亥	庚戌	己酉	支干

運一元三大															運元
運一元三小															
823	824	825	826	827	828	829	830	831	832	833	834	835	836	837	前元西
五	四	三	二	宣王 靜	十四	十三	十二	十一	十	九	八	七	六	五	帝朝 號代
戊寅	丁丑	丙子	乙亥	甲戌	癸酉	壬申	辛未	庚午	己巳	戊辰	丁卯	丙寅	乙丑	甲子	支干

運一元三大															運元
運二元三小										運一元三小					
808	809	810	811	812	813	814	815	816	817	818	819	820	821	822	前元西
廿	十九	十八	十七	十六	十五	十四	十三	十二	十一	十	九	八	七	六	帝朝 號代
癸巳	壬辰	辛卯	庚寅	己丑	戊子	丁亥	丙戌	乙酉	甲申	癸未	壬午	辛巳	庚辰	己卯	支干

大三元一運															元運
小三元三運					小三元二運										
793	794	795	796	797	798	799	800	801	802	803	804	805	806	807	西元前
卅五	卅四	卅三	卅二	卅一	卅	廿九	廿八	廿七	廿六	廿五	廿四	廿三	廿二	廿一	朝代帝號
戊申	丁未	丙午	乙巳	甲辰	癸卯	壬寅	辛丑	庚子	己亥	戊戌	丁酉	丙申	乙未	甲午	干支

大三元一運															元運
小三元三運															
778	779	780	781	782	783	784	785	786	787	788	789	790	791	792	西元前
四	三	二	幽王 ｜宮涅	四六	四五	四四	四三	四二	四一	四十	卅九	卅八	卅七	卅六	朝代帝號
癸亥	壬戌	辛酉	庚申	己未	戊午	丁巳	丙辰	乙卯	甲寅	癸丑	壬子	辛亥	庚戌	己酉	干支

大三元二運															元運
小三元四運															
763	764	765	766	767	768	769	770	771	772	773	774	775	776	777	西元前
八	七	六	五	四	三	二	東周平王 姬宜臼	十一 西周末	十	九	八	七	六	五	朝代帝號
戊寅	丁丑	丙子	乙亥	甲戌	癸酉	壬申	辛未	庚午	己巳	戊辰	丁卯	丙寅	乙丑	甲子	干支

大三元二運															元運
小三元五運										小三元四運					
748	749	750	751	752	753	754	755	756	757	758	759	760	761	762	西元前
廿三	廿二	廿一	廿	十九	十八	十七	十六	十五	十四	十三	十二	十一	十	九	朝代帝號
癸巳	壬辰	辛卯	庚寅	己丑	戊子	丁亥	丙戌	乙酉	甲申	癸未	壬午	辛巳	庚辰	己卯	干支

大三元二運															元運
小三元六運					小三元五運										
733	734	735	736	737	738	739	740	741	742	743	744	745	746	747	西元前
卅八	卅七	卅六	卅五	卅四	卅三	卅二	卅一	卅	廿九	廿八	廿七	廿六	廿五	廿四	朝代帝號
戊申	丁未	丙午	乙巳	甲辰	癸卯	壬寅	辛丑	庚子	己亥	戊戌	丁酉	丙申	乙未	甲午	干支

大三元二運															元運
小三元六運															
718	719	720	721	722	723	724	725	726	727	728	729	730	731	732	西元前
二	桓王 ｜林	五一	五十	四九	四八	四七	四六	四五	四四	四三	四二	四一	四十	卅九	朝代帝號
癸亥	壬戌	辛酉	庚申	己未	戊午	丁巳	丙辰	乙卯	甲寅	癸丑	壬子	辛亥	庚戌	己酉	干支

元運	大三元三運														
	小三元七運														
西元前	703	704	705	706	707	708	709	710	711	712	713	714	715	716	717
朝代帝號	十七	十六	十五	十四	十三	十二	十一	十	九	八	七	六	五	四	三
干支	戊寅	丁丑	丙子	乙亥	甲戌	癸酉	壬申	辛未	庚午	己巳	戊辰	丁卯	丙寅	乙丑	甲子

元運	大三元三運														
	小三元八運									小三元七運					
西元前	688	689	690	690	692	693	694	695	696	697	698	699	700	701	702
朝代帝號	九	八	七	六	五	四	三	二	莊王佗	廿三	廿二	廿一	廿	十九	十八
干支	癸巳	壬辰	辛卯	庚寅	己丑	戊子	丁亥	丙戌	乙酉	甲申	癸未	壬午	辛巳	庚辰	己卯

元運	大三元三運														
	小三元九運					小三元八運									
西元前	673	674	675	676	677	678	679	680	681	682	683	684	685	686	687
朝代帝號	四	三	二	惠王閬	五	四	三	二	釐王胡齊	十五	十四	十三	十二	十一	十
干支	戊申	丁未	丙午	乙巳	甲辰	癸卯	壬寅	辛丑	庚子	己亥	戊戌	丁酉	丙申	乙未	甲午

元運	大三元三運														
	小三元九運														
西元前	658	659	660	661	662	663	664	665	666	667	668	669	670	671	672
朝代帝號	十九	十八	十七	十六	十五	十四	十三	十二	十一	十	九	八	七	六	五
干支	癸亥	壬戌	辛酉	庚申	己未	戊午	丁巳	丙辰	乙卯	甲寅	癸丑	壬子	辛亥	庚戌	己酉

元運	大三元四運														
	小三元一運														
西元前	643	644	645	646	647	648	649	650	651	652	653	654	655	656	657
朝代帝號	九	八	七	六	五	四	三	二	襄王鄭	廿五	廿四	廿三	廿二	廿一	廿
干支	戊寅	丁丑	丙子	乙亥	甲戌	癸酉	壬申	辛未	庚午	己巳	戊辰	丁卯	丙寅	乙丑	甲子

元運	大三元四運														
	小三元二運										小三元一運				
西元前	628	629	630	631	632	633	634	635	636	637	638	639	640	641	642
朝代帝號	廿四	廿三	廿二	廿一	廿	十九	十八	十七	十六	十五	十四	十三	十二	十一	十
干支	癸巳	壬辰	辛卯	庚寅	己丑	戊子	丁亥	丙戌	乙酉	甲申	癸未	壬午	辛巳	庚辰	己卯

大三元四運															元運
小三元三運					小三元二運										
613	614	615	616	617	618	619	620	621	622	623	624	625	626	627	西元前
六	五	四	三	二	頃王壬臣	卅三	卅二	卅一	卅	廿九	廿八	廿七	廿六	廿五	朝代帝號
戊申	丁未	丙午	乙巳	甲辰	癸卯	壬寅	辛丑	庚子	己亥	戊戌	丁酉	丙申	乙未	甲午	干支

大三元四運															元運
小三元三運															
598	599	600	601	602	603	604	605	606	607	608	609	610	611	612	西元前
九	八	七	六	五	四	三	二	定王瑜	六	五	四	三	二	匡王班	朝代帝號
癸亥	壬戌	辛酉	庚申	己未	戊午	丁巳	丙辰	乙卯	甲寅	癸丑	壬子	辛亥	庚戌	己酉	干支

大三元五運															元運
小三元四運															
583	584	585	856	587	588	589	590	591	592	593	594	595	596	597	西元前
三	二	簡王夷	廿一	廿	十九	十八	十七	十六	十五	十四	十三	十二	十一	十	朝代帝號
戊寅	丁丑	丙子	乙亥	甲戌	癸酉	壬申	辛未	庚午	己巳	戊辰	丁卯	丙寅	乙丑	甲子	干支

大三元五運															元運
小三元五運										小三元四運					
568	569	570	571	572	573	574	575	576	577	578	579	580	581	582	西元前
四	三	二	靈王泄心	十四	十三	十二	十一	十	九	八	七	六	五	四	朝代帝號
癸巳	壬辰	辛卯	庚寅	己丑	戊子	丁亥	丙戌	乙酉	甲申	癸未	壬午	辛巳	庚辰	己卯	干支

大三元五運															元運
小三元六運					小三元五運										
553	554	555	556	557	558	559	560	561	562	563	564	565	566	567	西元前
十九	十八	十七	十六	十五	十四	十三	十二	十一	十	九	八	七	六	五	朝代帝號
戊申	丁未	丙午	乙巳	甲辰	癸卯	壬寅	辛丑	庚子	己亥	戊戌	丁酉	丙申	乙未	甲午	干支

大三元五運															元運
小三元六運															
538	539	540	541	542	543	544	545	546	547	548	549	550	551	552	西元前
七	六	五	四	三	二	景王貴	廿七	廿六	廿五	廿四	廿三	廿二	廿一	廿	朝代帝號
癸亥	壬戌	辛酉	庚申	己未	戊午	丁巳	丙辰	乙卯	甲寅	癸丑	壬子	辛亥	庚戌	己酉	干支

大三元六運															元運
小三元七運															
523	524	525	526	527	528	529	530	531	532	533	534	535	536	537	西元前
廿二	廿一	廿	十九	十八	十七	十六	十五	十四	十三	十二	十一	十	九	八	朝代帝號
戊寅	丁丑	丙子	乙亥	甲戌	癸酉	壬申	辛未	庚午	己巳	戊辰	丁卯	丙寅	乙丑	甲子	干支

大三元六運															元運
小三元八運										小三元七運					
508	509	510	511	512	513	514	515	516	517	518	519	520	521	522	西元前
十二	十一	十	九	八	七	六	五	四	三	二	敬王—匄	悼王—猛	廿四	廿三	朝代帝號
癸巳	壬辰	辛卯	庚寅	己丑	戊子	丁亥	丙戌	乙酉	甲申	癸未	壬午	辛巳	庚辰	己卯	干支

大三元六運															元運
小三元九運					小三元八運										
493	494	495	496	497	498	499	500	501	502	503	504	505	506	507	西元前
廿七	廿六	廿五	廿四	廿三	廿二	廿一	廿	十九	十八	十七	十六	十五	十四	十三	朝代帝號
戊申	丁未	丙午	乙巳	甲辰	癸卯	壬寅	辛丑	庚子	己亥	戊戌	丁酉	丙申	乙未	甲午	干支

大三元六運															元運
小三元九運															
478	479	480	481	482	483	484	485	486	487	488	489	490	491	492	西元前
四二	四一	四十	卅九	卅八	卅七	卅六	卅五	卅四	卅三	卅二	卅一	卅	廿九	廿八	朝代帝號
癸亥	壬戌	辛酉	庚申	己未	戊午	丁巳	丙辰	乙卯	甲寅	癸丑	壬子	辛亥	庚戌	己酉	干支

大三元七運															元運
小三元一運															
463	464	465	466	467	468	469	470	471	472	473	474	475	476	477	西元前
六	五	四	三	二	貞定王—介	七	六	五	四	三	二	元王—仁	四四	四三	朝代帝號
戊寅	丁丑	丙子	乙亥	甲戌	癸酉	壬申	辛未	庚午	己巳	戊辰	丁卯	丙寅	乙丑	甲子	干支

大三元七運															元運
小三元二運										小三元一運					
448	449	450	451	452	453	454	455	456	457	458	459	460	461	462	西元前
廿一	廿	十九	十八	十七	十六	十五	十四	十三	十二	十一	十	九	八	七	朝代帝號
癸巳	壬辰	辛卯	庚寅	己丑	戊子	丁亥	丙戌	乙酉	甲申	癸未	壬午	辛巳	庚辰	己卯	干支

元運	大三元七運														
	小三元二運										小三元三運				
西元前	447	446	445	444	443	442	441	440	439	438	437	436	435	434	433
朝代帝號	廿二	廿三	廿四	廿五	廿六	廿七	哀王去疾 思王—叔	考王—嵬	二	三	四	五	六	七	八
干支	甲午	乙未	丙申	丁酉	戊戌	己亥	庚子	辛丑	壬寅	癸卯	甲辰	乙巳	丙午	丁未	戊申

元運	大三元七運														
	小三元三運														
西元前	432	431	430	429	428	427	426	425	424	423	422	421	420	419	418
朝代帝號	九	十	十一	十二	十三	十四	十五	威烈王—午	二	三	四	五	六	七	八
干支	己酉	庚戌	辛亥	壬子	癸丑	甲寅	乙卯	丙辰	丁巳	戊午	己未	庚申	辛酉	壬戌	癸亥

元運	大三元八運														
	小三元四運														
西元前	417	416	415	414	413	412	411	410	409	408	407	406	405	404	403
朝代帝號	九	十	十一	十二	十三	十四	十五	十六	十七	十八	十九	廿	廿一	廿二	廿三
干支	甲子	乙丑	丙寅	丁卯	戊辰	己巳	庚午	辛未	壬申	癸酉	甲戌	乙亥	丙子	丁丑	戊寅

元運	大三元八運														
	小三元四運					小三元五運									
西元前	402	401	400	399	398	397	396	395	394	393	392	391	390	389	388
朝代帝號	廿四	安王—驕	二	三	四	五	六	七	八	九	十	十一	十二	十三	十四
干支	己卯	庚辰	辛巳	壬午	癸未	甲申	乙酉	丙戌	丁亥	戊子	己丑	庚寅	辛卯	壬辰	癸巳

元運	大三元八運														
	小三元五運										小三元六運				
西元前	387	386	385	384	383	382	381	380	379	378	377	376	375	374	373
朝代帝號	十五	十六	十七	十八	十九	廿	廿一	廿二	廿三	廿四	廿五	廿六	烈王—喜	二	三
干支	甲午	乙未	丙申	丁酉	戊戌	己亥	庚子	辛丑	壬寅	癸卯	甲辰	乙巳	丙午	丁未	戊申

元運	大三元八運														
	小三元六運														
西元前	372	371	370	369	368	367	366	365	364	363	362	361	360	359	358
朝代帝號	四	五	六	七	顯王—扁	二	三	四	五	六	七	八	九	十	十一
干支	己酉	庚戌	辛亥	壬子	癸丑	甲寅	乙卯	丙辰	丁巳	戊午	己未	庚申	辛酉	壬戌	癸亥

大三元九運															元運
小三元七運															元運
343	344	345	346	347	348	349	350	351	352	353	354	355	356	357	西元前
廿六	廿五	廿四	廿三	廿二	廿一	廿	十九	十八	十七	十六	十五	十四	十三	十二	朝代帝號
戊寅	丁丑	丙子	乙亥	甲戌	癸酉	壬申	辛未	庚午	己巳	戊辰	丁卯	丙寅	乙丑	甲子	干支

大三元九運															元運
小三元八運										小三元七運					元運
328	329	330	331	332	333	334	335	336	337	338	339	340	341	342	西元前
四一	四十	卅九	卅八	卅七	卅六	卅五	卅四	卅三	卅二	卅一	卅	廿九	廿八	廿七	朝代帝號
癸巳	壬辰	辛卯	庚寅	己丑	戊子	丁亥	丙戌	乙酉	甲申	癸未	壬午	辛巳	庚辰	己卯	干支

大三元九運															元運
小三元九運					小三元八運										元運
313	314	315	316	317	318	319	320	321	322	323	324	325	326	327	西元前
至二五六 被秦滅	赧王—延	六	五	四	三	二	慎靚王—定	四八	四七	四六	四五	四四	四三	四二	朝代帝號
戊申	丁未	丙午	乙巳	甲辰	癸卯	壬寅	辛丑	庚子	己亥	戊戌	丁酉	丙申	乙未	甲午	干支

大三元九運															元運
小三元九運															元運
298	299	300	301	302	303	304	305	306	307	308	309	310	311	312	西元前
九	八	七	六	五	四	三	二	昭襄王 嬴則稷	至二五六 被秦滅	七	六	五	四	三	朝代帝號
癸亥	壬戌	辛酉	庚申	己未	戊午	丁巳	丙辰	乙卯	甲寅	癸丑	壬子	辛亥	庚戌	己酉	干支

大三元一運															元運
小三元一運															元運
283	284	285	286	287	288	289	290	291	292	293	294	295	296	297	西元前
廿四	廿三	廿二	廿一	廿	十九	十八	十七	十六	十五	十四	十三	十二	十一	十	朝代帝號
戊寅	丁丑	丙子	乙亥	甲戌	癸酉	壬申	辛未	庚午	己巳	戊辰	丁卯	丙寅	乙丑	甲子	干支

大三元一運															元運
小三元二運										小三元一運					元運
268	269	270	271	272	273	274	275	276	277	278	279	280	281	282	西元前
卅九	卅八	卅七	卅六	卅五	卅四	卅三	卅二	卅一	卅	廿九	廿八	廿七	廿六	廿五	朝代帝號
癸巳	壬辰	辛卯	庚寅	己丑	戊子	丁亥	丙戌	乙酉	甲申	癸未	壬午	辛巳	庚辰	己卯	干支

大三元一運															元運
小三元三運					小三元二運										
253	254	255	256	257	258	259	260	261	262	263	264	265	266	267	西元前
五四	五三	五二	五一 秦滅周	五十	四九	四八	四七	四六	四五	四四	四三	四二	四一	四十	朝代帝號
戊申	丁未	丙午	乙巳	甲辰	癸卯	壬寅	辛丑	庚子	己亥	戊戌	丁酉	丙申	乙未	甲午	干支

大三元一運															元運
小三元三運															
238	239	240	241	242	243	244	245	246	247	248	249	250	251	252	西元前
九	八	七	六	五	四	三	二	秦始皇帝	三	二	莊襄王－子楚	孝文王－柱	五六	五五	朝代帝號
癸亥	壬戌	辛酉	庚申	己未	戊午	丁巳	丙辰	乙卯	甲寅	癸丑	壬子	辛亥	庚戌	己酉	干支

大三元二運															元運
小三元四運															
223	224	225	226	227	228	229	230	231	232	233	234	235	236	237	西元前
廿四	廿三	廿二	廿一	廿	十九	十八	十七	十六	十五	十四	十三	十二	十一	十	朝代帝號
戊寅	丁丑	丙子	乙亥	甲戌	癸酉	壬申	辛未	庚午	己巳	戊辰	丁卯	丙寅	乙丑	甲子	干支

大三元二運															元運
小三元五運										小三元四運					
208	209	210	211	212	213	214	215	216	217	218	219	220	221	222	西元前
二	二世胡亥元年	卅七	卅六	卅五	卅四	卅三	卅二	卅一	卅	廿九	廿八	廿七	廿六 統一六國	廿五	朝代帝號
癸巳	壬辰	辛卯	庚寅	己丑	戊子	丁亥	丙戌	乙酉	甲申	癸未	壬午	辛巳	庚辰	己卯	干支

大三元二運															元運
小三元六運					小三元五運										
193	194	195	196	197	198	199	200	201	202	203	204	205	206	207	西元前
二	惠帝元年	十二	十一	十	九	八	七	六	五	四	三	二	漢高祖元年	三	朝代帝號
戊申	丁未	丙午	乙巳	甲辰	癸卯	壬寅	辛丑	庚子	己亥	戊戌	丁酉	丙申	乙未	甲午	干支

大三元二運															元運
小三元六運															
178	179	180	181	182	183	184	185	186	187	188	189	190	191	192	西元前
二	文帝元年	八	七	六	五	四	三	二	呂后元年	七	六	五	四	三	朝代帝號
癸亥	壬戌	辛酉	庚申	己未	戊午	丁巳	丙辰	乙卯	甲寅	癸丑	壬子	辛亥	庚戌	己酉	干支

大三元三運															元運
小三元七運															
163	164	165	166	167	168	169	170	171	172	173	174	175	176	177	西元前
後元元年	十六	十五	十四	十三	十二	十一	十	九	八	七	六	五	四	三	朝代帝號
戊寅	丁丑	丙子	乙亥	甲戌	癸酉	壬申	辛未	庚午	己巳	戊辰	丁卯	丙寅	乙丑	甲子	干支

大三元三運															元運
小三元八運										小三元七運					
148	149	150	151	152	153	154	155	156	157	158	159	160	161	162	西元前
二	中元元年	七	六	五	四	三	二	景帝元年	七	六	五	四	三	二	朝代帝號
癸巳	壬辰	辛卯	庚寅	己丑	戊子	丁亥	丙戌	乙酉	甲申	癸未	壬午	辛巳	庚辰	己卯	干支

大三元三運															元運
小三元九運					小三元八運										
133	134	135	136	137	138	139	140	141	142	143	144	145	146	147	西元前
二	元光元年	六	五	四	三	二	建元元年	三	二	後元元年	六	五	四	三	朝代帝號
戊申	丁未	丙午	乙巳	甲辰	癸卯	壬寅	辛丑	庚子	己亥	戊戌	丁酉	丙申	乙未	甲午	干支

大三元三運															元運
小三元九運															
118	119	120	121	122	123	124	125	126	127	128	129	130	131	132	西元前
五	四	三	二	元狩元年	六	五	四	三	二	元朔元年	六	五	四	三	朝代帝號
癸亥	壬戌	辛酉	庚申	己未	戊午	丁巳	丙辰	乙卯	甲寅	癸丑	壬子	辛亥	庚戌	己酉	干支

大三元四運															元運
小三元一運															
103	104	105	106	107	108	109	110	111	112	113	114	115	116	117	西元前
二	太初元年	六	五	四	三	二	元封元年	六	五	四	三	二	元鼎元年	六	朝代帝號
戊寅	丁丑	丙子	乙亥	甲戌	癸酉	壬申	辛未	庚午	己巳	戊辰	丁卯	丙寅	乙丑	甲子	干支

大三元四運															元運
小三元二運										小三元一運					
88	89	90	91	92	93	94	95	96	97	98	99	100	101	102	西元前
後元元年	四	三	二	征和元年	四	三	二	太始元年	四	三	二	天漢元年	四	三	朝代帝號
癸巳	壬辰	辛卯	庚寅	己丑	戊子	丁亥	丙戌	乙酉	甲申	癸未	壬午	辛巳	庚辰	己卯	干支

運　四　元　三　大															運　元
運三元三小					運　二　元　三　小										
73	74	75	76	77	78	79	80	81	82	83	84	85	86	87	前元西
元本 年始	元元 年平	六	五	四	三	二	元元 年鳳	六	五	四	三	二	元始 年元	二	帝　朝 號　代
戊申	丁未	丙午	乙巳	甲辰	癸卯	壬寅	辛丑	庚子	己亥	戊戌	丁酉	丙申	乙未	甲午	支　干

運　四　元　三　大															運　元
運　三　元　三　小															
58	59	60	61	62	63	64	65	66	67	68	69	70	71	72	前元西
四	三	二	元神 年爵	四	三	二	元元 年康	四	三	二	元地 年節	四	三	二	帝　朝 號　代
癸亥	壬戌	辛酉	庚申	己未	戊午	丁巳	丙辰	乙卯	甲寅	癸丑	壬子	辛亥	庚戌	己酉	支　干

運　五　元　三　大															運　元
運　四　元　三　小															
43	44	45	46	47	48	49	50	51	52	53	54	55	56	57	前元西
元永 年光	五	四	三	二	元初 年元	元黃 年龍	四	三	二	元甘 年露	四	三	二	元五 年鳳	帝　朝 號　代
戊寅	丁丑	丙子	乙亥	甲戌	癸酉	壬申	辛未	庚午	己巳	戊辰	丁卯	丙寅	乙丑	甲子	支　干

運　五　元　三　大															運　元
運　五　元　三　小											運四元三小				
28	29	30	31	32	33	34	35	36	37	38	39	40	41	42	前元西
元河 年平	四	三	二	元建 年始	元竟 年寧	五	四	三	二	元建 年昭	五	四	三	二	帝　朝 號　代
癸巳	壬辰	辛卯	庚寅	己丑	戊子	丁亥	丙戌	乙酉	甲申	癸未	壬午	辛巳	庚辰	己卯	支　干

運　五　元　三　大															運　元
運六元三小					運　五　元　三　小										
13	14	15	16	17	18	19	20	21	22	23	24	25	26	27	前元西
四	三	二	元永 年始	四	三	二	元鴻 年嘉	四	三	二	元陽 年朔	四	三	二	帝　朝 號　代
戊申	丁未	丙午	乙巳	甲辰	癸卯	壬寅	辛丑	庚子	己亥	戊戌	丁酉	丙申	乙未	甲午	支　干

運　五　元　三　大															運　元
運　六　元　三　小															
3	2	元紀 年元	1	2	3	4	5	6	7	8	9	10	11	12	前元西
三	二	元元 年始	二	元元 年壽	四	三	二	元建 年平	二	元綏 年和	四	三	二	元元 年延	帝　朝 號　代
癸亥	壬戌	辛酉	庚申	己未	戊午	丁巳	丙辰	乙卯	甲寅	癸丑	壬子	辛亥	庚戌	己酉	支　干

元運	大三元六運														
	小三元七運														
西元	4	5	6	7	8	9	10	11	12	13	14	15	16	17	18
朝代帝號	四	五	居攝元年	二	初始元年	建國元年	二	三	四	五	天鳳元年	二	三	四	五
干支	甲子	乙丑	丙寅	丁卯	戊辰	己巳	庚午	辛未	壬申	癸酉	甲戌	乙亥	丙子	丁丑	戊寅

元運	大三元六運														
	小三元七運					小三元八運									
西元	19	20	21	22	23	24	25	26	27	28	29	30	31	32	33
朝代帝號	六	地皇元年	二	三	更始元年	二	建武元年	二	三	四	五	六	七	八	九
干支	己卯	庚辰	辛巳	壬午	癸未	甲申	乙酉	丙戌	丁亥	戊子	己丑	庚寅	辛卯	壬辰	癸巳

元運	大三元六運														
	小三元八運										小三元九運				
西元	34	35	36	37	38	39	40	41	42	43	44	45	46	47	48
朝代帝號	十	十一	十二	十三	十四	十五	十六	十七	十八	十九	廿	廿一	廿二	廿三	廿四
干支	甲午	乙未	丙申	丁酉	戊戌	己亥	庚子	辛丑	壬寅	癸卯	甲辰	乙巳	丙午	丁未	戊申

元運	大三元六運														
	小三元九運														
西元	49	50	51	52	53	54	55	56	57	58	59	60	61	62	63
朝代帝號	廿五	廿六	廿七	廿八	廿九	卅	卅一	中元元年	二	永平元年	二	三	四	五	六
干支	己酉	庚戌	辛亥	壬子	癸丑	甲寅	乙卯	丙辰	丁巳	戊午	己未	庚申	辛酉	壬戌	癸亥

元運	大三元七運														
	小三元一運														
西元	64	65	66	67	68	69	70	71	72	73	74	75	76	77	78
朝代帝號	七	八	九	十	十一	十二	十三	十四	十五	十六	十七	十八	建初元年	二	三
干支	甲子	乙丑	丙寅	丁卯	戊辰	己巳	庚午	辛未	壬申	癸酉	甲戌	乙亥	丙子	丁丑	戊寅

元運	大三元七運														
	小三元一運					小三元二運									
西元	79	80	81	82	83	84	85	86	87	88	89	90	91	92	93
朝代帝號	四	五	六	七	八	元和元年	二	三	章和元年	二	永元元年	二	三	四	五
干支	己卯	庚辰	辛巳	壬午	癸未	甲申	乙酉	丙戌	丁亥	戊子	己丑	庚寅	辛卯	壬辰	癸巳

元運	大三元七運														
	小三元二運										小三元三運				
西元	94	95	96	97	98	99	100	101	102	103	104	105	106	107	108
朝代帝號	六	七	八	九	十	十一	十二	十三	十四	十五	十六	興元元年	延平元年	永初元年	二
干支	甲午	乙未	丙申	丁酉	戊戌	己亥	庚子	辛丑	壬寅	癸卯	甲辰	乙巳	丙午	丁未	戊申

元運	大三元七運														
	小三元三運														
西元	109	110	111	112	113	114	115	116	117	118	119	120	121	122	123
朝代帝號	三	四	五	六	七	元初元年	二	三	四	五	六	永寧元年	建光元年	延光元年	二
干支	己酉	庚戌	辛亥	壬子	癸丑	甲寅	乙卯	丙辰	丁巳	戊午	己未	庚申	辛酉	壬戌	癸亥

元運	大三元八運														
	小三元四運														
西元	124	125	126	127	128	129	130	131	132	133	134	135	136	137	138
朝代帝號	三	四	永建元年	二	三	四	五	六	陽嘉元年	二	三	四	永和元年	二	三
干支	甲子	乙丑	丙寅	丁卯	戊辰	己巳	庚午	辛未	壬申	癸酉	甲戌	乙亥	丙子	丁丑	戊寅

元運	大三元八運														
	小三元四運					小三元五運									
西元	139	140	141	142	143	144	145	146	147	148	149	150	151	152	153
朝代帝號	四	五	六	漢安元年	二	建康元年	永嘉元年	本初元年	建和元年	二	三	和平元年	元嘉元年	二	永興元年
干支	己卯	庚辰	辛巳	壬午	癸未	甲申	乙酉	丙戌	丁亥	戊子	己丑	庚寅	辛卯	壬辰	癸巳

元運	大三元八運														
	小三元五運										小三元六運				
西元	154	155	156	157	158	159	160	161	162	163	164	165	166	167	168
朝代帝號	二	永壽元年	二	三	延熹元年	二	三	四	五	六	七	八	九	永康元年	建寧元年
干支	甲午	乙未	丙申	丁酉	戊戌	己亥	庚子	辛丑	壬寅	癸卯	甲辰	乙巳	丙午	丁未	戊申

元運	大三元八運														
	小三元六運														
西元	169	170	171	172	173	174	175	176	177	178	179	180	181	182	183
朝代帝號	二	三	四	熹平元年	二	三	四	五	六	光和元年	二	三	四	五	六
干支	己酉	庚戌	辛亥	壬子	癸丑	甲寅	乙卯	丙辰	丁巳	戊午	己未	庚申	辛酉	壬戌	癸亥

元運	大三元九運														
元運	小三元七運														
西元	184	185	186	187	188	189	190	191	192	193	194	195	196	197	198
朝代帝號	中平元年	二	三	四	五	六	初平元年	二	三	四	興平元年	二	建安元年	二	三
干支	甲子	乙丑	丙寅	丁卯	戊辰	己巳	庚午	辛未	壬申	癸酉	甲戌	乙亥	丙子	丁丑	戊寅

元運	大三元九運														
元運	小三元七運					小三元八運									
西元	199	200	201	202	203	204	205	206	207	208	209	210	211	212	213
朝代帝號	四	五	六	七	八	九	十	十一	十二	十三	十四	十五	十六	十七	十八
干支	己卯	庚辰	辛巳	壬午	癸未	甲申	乙酉	丙戌	丁亥	戊子	己丑	庚寅	辛卯	壬辰	癸巳

元運	大三元九運														
元運	小三元八運										小三元九運				
西元	214	215	216	217	218	219	220	221	222	223	224	225	226	227	228
朝代帝號	十九	廿	廿一	廿二	廿三	廿四	黃初元年	二	三	四	五	六	七	太和元年	二
干支	甲午	乙未	丙申	丁酉	戊戌	己亥	庚子	辛丑	壬寅	癸卯	甲辰	乙巳	丙午	丁未	戊申

元運	大三元九運														
元運	小三元九運														
西元	229	230	231	232	233	234	235	236	237	238	239	240	241	242	243
朝代帝號	三	四	五	六	青龍元年	二	三	四	景初元年	二	三	正始元年	二	三	四
干支	己酉	庚戌	辛亥	壬子	癸丑	甲寅	乙卯	丙辰	丁巳	戊午	己未	庚申	辛酉	壬戌	癸亥

元運	大三元一運														
元運	小三元一運														
西元	244	245	246	247	248	249	250	251	252	253	254	255	256	257	258
朝代帝號	五	六	七	八	九	嘉平元年	二	三	四	五	正元元年	二	甘露元年	二	三
干支	甲子	乙丑	丙寅	丁卯	戊辰	己巳	庚午	辛未	壬申	癸酉	甲戌	乙亥	丙子	丁丑	戊寅

元運	大三元一運														
元運	小三元一運					小三元二運									
西元	259	260	261	262	263	264	265	266	267	268	269	270	271	272	273
朝代帝號	四	景元元年	二	三	四	咸熙元年	泰始元年	二	三	四	五	六	七	八	九
干支	己卯	庚辰	辛巳	壬午	癸未	甲申	乙酉	丙戌	丁亥	戊子	己丑	庚寅	辛卯	壬辰	癸巳

元運	大三元一運														
元運	小三元二運										小三元三運				
西元	274	275	276	277	278	279	280	281	282	283	284	285	286	287	288
朝代帝號	十	咸寧元年	二	三	四	五	太康元年	二	三	四	五	六	七	八	九
干支	甲午	乙未	丙申	丁酉	戊戌	己亥	庚子	辛丑	壬寅	癸卯	甲辰	乙巳	丙午	丁未	戊申

元運	大三元一運														
元運	小三元三運														
西元	289	290	291	292	293	294	295	296	297	298	299	300	301	302	303
朝代帝號	十	永熙元年	元康元年	二	三	四	五	六	七	八	九	永康元年	永寧元年	太安元年	二
干支	己酉	庚戌	辛亥	壬子	癸丑	甲寅	乙卯	丙辰	丁巳	戊午	己未	庚申	辛酉	壬戌	癸亥

元運	大三元二運														
元運	小三元四運														
西元	304	305	306	307	308	309	310	311	312	313	314	315	316	317	318
朝代帝號	永興元年	二	光熙元年	永嘉元年	二	三	四	五	六	建興元年	二	三	四	建武元年	大興元年
干支	甲子	乙丑	丙寅	丁卯	戊辰	己巳	庚午	辛未	壬申	癸酉	甲戌	乙亥	丙子	丁丑	戊寅

元運	大三元二運														
元運	小三元四運					小三元五運									
西元	319	320	321	322	323	324	325	326	327	328	329	330	331	332	333
朝代帝號	二	三	四	永昌元年	大寧元年	二	三	咸和元年	二	三	四	五	六	七	八
干支	己卯	庚辰	辛巳	壬午	癸未	甲申	乙酉	丙戌	丁亥	戊子	己丑	庚寅	辛卯	壬辰	癸巳

元運	大三元二運														
元運	小三元五運										小三元六運				
西元	334	335	336	337	338	339	340	341	342	343	344	345	346	347	348
朝代帝號	九	咸康元年	二	三	四	五	六	七	八	建元元年	二	永和元年	二	三	四
干支	甲午	乙未	丙申	丁酉	戊戌	己亥	庚子	辛丑	壬寅	癸卯	甲辰	乙巳	丙午	丁未	戊申

元運	大三元二運														
元運	小三元六運														
西元	349	350	351	352	353	354	355	356	357	358	359	360	361	362	363
朝代帝號	五	六	七	八	九	十	十一	十二	升平元年	二	三	四	五	隆和元年	興寧元年
干支	己酉	庚戌	辛亥	壬子	癸丑	甲寅	乙卯	丙辰	丁巳	戊午	己未	庚申	辛酉	壬戌	癸亥

元運	大三元三運														
元運	小三元七運														
西元	364	365	366	367	368	369	370	371	372	373	374	375	376	377	378
朝代帝號	二	三	太和元年	二	三	四	五	咸安元年	二	寧康元年	二	三	太元元年	二	三
干支	甲子	乙丑	丙寅	丁卯	戊辰	己巳	庚午	辛未	壬申	癸酉	甲戌	乙亥	丙子	丁丑	戊寅

元運	大三元三運														
元運	小三元七運					小三元八運									
西元	379	380	381	382	383	384	385	386	387	388	389	390	391	392	393
朝代帝號	四	五	六	七	八	九	十	十一	十二	十三	十四	十五	十六	十七	十八
干支	己卯	庚辰	辛巳	壬午	癸未	甲申	乙酉	丙戌	丁亥	戊子	己丑	庚寅	辛卯	壬辰	癸巳

元運	大三元三運														
元運	小三元八運										小三元九運				
西元	394	395	396	397	398	399	400	401	402	403	404	405	406	407	408
朝代帝號	十九	廿	廿一	隆安元年	二	三	四	五	元興元年	二	三	義熙元年	二	三	四
干支	甲午	乙未	丙申	丁酉	戊戌	己亥	庚子	辛丑	壬寅	癸卯	甲辰	乙巳	丙午	丁未	戊申

元運	大三元三運														
元運	小三元九運														
西元	409	410	411	412	413	414	415	416	417	418	419	420	421	422	423
朝代帝號	五	六	七	八	九	十	十一	十二	十三	十四	元熙元年	永初元年	二	三	景平元年
干支	己酉	庚戌	辛亥	壬子	癸丑	甲寅	乙卯	丙辰	丁巳	戊午	己未	庚申	辛酉	壬戌	癸亥

元運	大三元四運														
元運	小三元一運														
西元	424	425	426	427	428	429	430	431	432	433	434	435	436	437	438
朝代帝號	元嘉元年	二	三	四	五	六	七	八	九	十	十一	十二	十三	十四	十五
干支	甲子	乙丑	丙寅	丁卯	戊辰	己巳	庚午	辛未	壬申	癸酉	甲戌	乙亥	丙子	丁丑	戊寅

元運	大三元四運														
元運	小三元一運					小三元二運									
西元	439	440	441	442	443	444	445	446	447	448	449	450	451	452	453
朝代帝號	十六	十七	十八	十九	廿	廿一	廿二	廿三	廿四	廿五	廿六	廿七	廿八	廿九	卅
干支	己卯	庚辰	辛巳	壬午	癸未	甲申	乙酉	丙戌	丁亥	戊子	己丑	庚寅	辛卯	壬辰	癸巳

元運	大三元四運														
元運	小三元二運										小三元三運				
西元	454	455	456	457	458	459	460	461	462	463	464	465	466	467	468
朝代帝號	孝建元年	二	三	大明元年	二	三	四	五	六	七	八	泰始元年	二	三	四
干支	甲午	乙未	丙申	丁酉	戊戌	己亥	庚子	辛丑	壬寅	癸卯	甲辰	乙巳	丙午	丁未	戊申

元運	大三元四運														
元運	小三元三運														
西元	469	470	471	472	473	474	475	476	477	478	479	480	481	482	483
朝代帝號	五	六	七	泰豫元年	元徽元年	二	三	四	昇明元年	二	建元元年	二	三	四	永明元年
干支	己酉	庚戌	辛亥	壬子	癸丑	甲寅	乙卯	丙辰	丁巳	戊午	己未	庚申	辛酉	壬戌	癸亥

元運	大三元五運														
元運	小三元四運														
西元	484	485	486	487	488	489	490	491	492	493	494	495	496	497	498
朝代帝號	二	三	四	五	六	七	八	九	十	十一	建武元年	二	三	四	永泰元年
干支	甲子	乙丑	丙寅	丁卯	戊辰	己巳	庚午	辛未	壬申	癸酉	甲戌	乙亥	丙子	丁丑	戊寅

元運	大三元五運														
元運	小三元四運					小三元五運									
西元	499	500	501	502	503	504	505	506	507	508	509	510	511	512	513
朝代帝號	永元元年	二	中興元年	天監元年	二	三	四	五	六	七	八	九	十	十一	十二
干支	己卯	庚辰	辛巳	壬午	癸未	甲申	乙酉	丙戌	丁亥	戊子	己丑	庚寅	辛卯	壬辰	癸巳

元運	大三元五運														
元運	小三元五運										小三元六運				
西元	514	515	516	517	518	519	520	521	522	523	524	525	526	527	528
朝代帝號	十三	十四	十五	十六	十七	十八	普通元年	二	三	四	五	六	七	大通元年	二
干支	甲午	乙未	丙申	丁酉	戊戌	己亥	庚子	辛丑	壬寅	癸卯	甲辰	乙巳	丙午	丁未	戊申

元運	大三元五運														
元運	小三元六運														
西元	529	530	531	532	533	534	535	536	537	538	539	540	541	542	543
朝代帝號	中大通元年	二	三	四	五	六	大同元年	二	三	四	五	六	七	八	九
干支	己酉	庚戌	辛亥	壬子	癸丑	甲寅	乙卯	丙辰	丁巳	戊午	己未	庚申	辛酉	壬戌	癸亥

大三元六運															元運
小三元七運															
558	557	556	555	554	553	552	551	550	549	548	547	546	545	544	西元
二	永定元年	太平元年	紹泰元年	三	二	承聖元年	天正元年	大寶元年	三	二	太清元年	中大同元年	十一	十	朝代帝號
戊寅	丁丑	丙子	乙亥	甲戌	癸酉	壬申	辛未	庚午	己巳	戊辰	丁卯	丙寅	乙丑	甲子	干支

大三元六運															元運
小三元八運										小三元七運					
573	572	571	570	569	568	567	566	565	564	563	562	561	560	559	西元
五	四	三	二	太建元年	二	光大元年	天康元年	六	五	四	三	二	天嘉元年	三	朝代帝號
癸巳	壬辰	辛卯	庚寅	己丑	戊子	丁亥	丙戌	乙酉	甲申	癸未	壬午	辛巳	庚辰	己卯	干支

大三元六運															元運
小三元九運					小三元八運										
588	587	586	585	584	583	582	581	580	579	578	577	576	575	574	西元
二 八	禎明元年 七	四 六	三 五	二 四	至德 三	十四 二	十三 隋建國	十二	十一	十	九	八	七	六	朝代帝號
戊申	丁未	丙午	乙巳	甲辰	癸卯	壬寅	辛丑	庚子	己亥	戊戌	丁酉	丙申	乙未	甲午	干支

大三元六運															元運
小三元九運															
603	602	601	600	599	598	597	596	595	594	593	592	591	590	589	西元
廿三	廿二	廿一	廿	十九	十八	十七	十六	十五	十四	十三	十二	十一	十	開皇元年 九	朝代帝號
癸亥	壬戌	辛酉	庚申	己未	戊午	丁巳	丙辰	乙卯	甲寅	癸丑	壬子	辛亥	庚戌	己酉	干支

大三元七運															元運
小三元一運															
618	617	616	615	614	613	612	611	610	609	608	607	606	605	604	西元
武德元年	義寧元年	十二	十一	十	九	八	七	六	五	四	三	二	大業元年	廿四	朝代帝號
戊寅	丁丑	丙子	乙亥	甲戌	癸酉	壬申	辛未	庚午	己巳	戊辰	丁卯	丙寅	乙丑	甲子	干支

大三元七運															元運
小三元二運										小三元一運					
633	632	631	630	629	628	627	626	625	624	623	622	621	620	619	西元
七	六	五	四	三	二	貞觀元年	九	八	七	六	五	四	三	二	朝代帝號
癸巳	壬辰	辛卯	庚寅	己丑	戊子	丁亥	丙戌	乙酉	甲申	癸未	壬午	辛巳	庚辰	己卯	干支

元運	大三元七運														
	小三元二運										小三元三運				
西元	634	635	636	637	638	639	640	641	642	643	644	645	646	647	648
朝代帝號	八	九	十	十一	十二	十三	十四	十五	十六	十七	十八	十九	廿	廿一	廿二
干支	甲午	乙未	丙申	丁酉	戊戌	己亥	庚子	辛丑	壬寅	癸卯	甲辰	乙巳	丙午	丁未	戊申

元運	大三元七運														
	小三元三運														
西元	649	650	651	652	653	654	655	656	657	658	659	660	661	662	663
朝代帝號	廿三	永徽元年	二	三	四	五	六	顯慶元年	二	三	四	五	龍朔元年	二	三
干支	己酉	庚戌	辛亥	壬子	癸丑	甲寅	乙卯	丙辰	丁巳	戊午	己未	庚申	辛酉	壬戌	癸亥

元運	大三元八運														
	小三元四運														
西元	664	665	666	667	668	669	670	671	672	673	674	675	676	677	678
朝代帝號	麟德元年	二	乾封元年	二	總章元年	二	咸亨元年	二	三	四	上元元年	二	儀鳳元年	二	三
干支	甲子	乙丑	丙寅	丁卯	戊辰	己巳	庚午	辛未	壬申	癸酉	甲戌	乙亥	丙子	丁丑	戊寅

元運	大三元八運														
	小三元四運					小三元五運									
西元	679	680	681	682	683	684	685	686	687	688	689	690	691	692	693
朝代帝號	調露元年	永隆元年	開耀元年	永淳元年	弘道元年	嗣聖元年	垂拱元年	二	三	四	永昌元年	天授元年	二	如意元年	長壽元年
干支	己卯	庚辰	辛巳	壬午	癸未	甲申	乙酉	丙戌	丁亥	戊子	己丑	庚寅	辛卯	壬辰	癸巳

元運	大三元八運														
	小三元五運										小三元六運				
西元	694	695	696	697	698	699	700	701	702	703	704	705	706	707	708
朝代帝號	延載元年	天冊萬歲元年	萬歲通天元年	神功元年	聖曆元年	二	久視元年	長安元年	二	三	四	神龍元年	二	景龍元年	二
干支	甲午	乙未	丙申	丁酉	戊戌	己亥	庚子	辛丑	壬寅	癸卯	甲辰	乙巳	丙午	丁未	戊申

元運	大三元八運														
	小三元六運														
西元	709	710	711	712	713	714	715	716	717	718	719	720	721	722	723
朝代帝號	三	景雲元年	二	太極元年	開元元年	二	三	四	五	六	七	八	九	十	十一
干支	己酉	庚戌	辛亥	壬子	癸丑	甲寅	乙卯	丙辰	丁巳	戊午	己未	庚申	辛酉	壬戌	癸亥

元運	大三元九運														
元運	小三元七運														
西元	724	725	726	727	728	729	730	731	732	733	734	735	736	737	738
朝代帝號	十二	十三	十四	十五	十六	十七	十八	十九	廿	廿一	廿二	廿三	廿四	廿五	廿六
干支	甲子	乙丑	丙寅	丁卯	戊辰	己巳	庚午	辛未	壬申	癸酉	甲戌	乙亥	丙子	丁丑	戊寅

元運	大三元九運														
元運	小三元七運					小三元八運									
西元	739	740	741	742	743	744	745	746	747	748	749	750	751	752	753
朝代帝號	廿七	廿八	廿九	天寶元年	二	三	四	五	六	七	八	九	十	十一	十二
干支	己卯	庚辰	辛巳	壬午	癸未	甲申	乙酉	丙戌	丁亥	戊子	己丑	庚寅	辛卯	壬辰	癸巳

元運	大三元九運														
元運	小三元八運										小三元九運				
西元	754	755	756	757	758	759	760	761	762	763	764	765	766	767	768
朝代帝號	十三	十四	至德元年	二	乾元元年	二	上元元年	二	寶應元年	廣德元年	二	永泰元年	大曆元年	二	三
干支	甲午	乙未	丙申	丁酉	戊戌	己亥	庚子	辛丑	壬寅	癸卯	甲辰	乙巳	丙午	丁未	戊申

元運	大三元九運														
元運	小三元九運														
西元	769	770	771	772	773	774	775	776	777	778	779	780	781	782	783
朝代帝號	四	五	六	七	八	九	十	十一	十二	十三	十四	建中元年	二	三	四
干支	己酉	庚戌	辛亥	壬子	癸丑	甲寅	乙卯	丙辰	丁巳	戊午	己未	庚申	辛酉	壬戌	癸亥

元運	大三元一運														
元運	小三元一運														
西元	784	785	786	787	788	789	790	791	792	793	794	795	796	797	798
朝代帝號	興元元年	貞元元年	二	三	四	五	六	七	八	九	十	十一	十二	十三	十四
干支	甲子	乙丑	丙寅	丁卯	戊辰	己巳	庚午	辛未	壬申	癸酉	甲戌	乙亥	丙子	丁丑	戊寅

元運	大三元一運														
元運	小三元一運					小三元二運									
西元	799	800	801	802	803	804	805	806	807	808	809	810	811	812	813
朝代帝號	十五	十六	十七	十八	十九	廿	永貞元年	元和元年	二	三	四	五	六	七	八
干支	己卯	庚辰	辛巳	壬午	癸未	甲申	乙酉	丙戌	丁亥	戊子	己丑	庚寅	辛卯	壬辰	癸巳

大三元一運															元運
小三元三運					小三元二運										
828	827	826	825	824	823	822	821	820	819	818	817	816	815	814	西元
二	太和元年	二	寶曆元年	四	三	二	長慶元年	十五	十四	十三	十二	十一	十	九	朝代帝號
戊申	丁未	丙午	乙巳	甲辰	癸卯	壬寅	辛丑	庚子	己亥	戊戌	丁酉	丙申	乙未	甲午	干支

大三元一運															元運
小三元三運															
843	842	841	840	839	838	837	836	835	834	833	832	831	830	829	西元
三	二	會昌元年	五	四	三	二	開成元年	九	八	七	六	五	四	三	朝代帝號
癸亥	壬戌	辛酉	庚申	己未	戊午	丁巳	丙辰	乙卯	甲寅	癸丑	壬子	辛亥	庚戌	己酉	干支

大三元二運															元運
小三元四運															
858	857	856	855	854	853	852	851	850	849	848	847	846	845	844	西元
十二	十一	十	九	八	七	六	五	四	三	二	大中元年	六	五	四	朝代帝號
戊寅	丁丑	丙子	乙亥	甲戌	癸酉	壬申	辛未	庚午	己巳	戊辰	丁卯	丙寅	乙丑	甲子	干支

大三元二運															元運
小三元五運										小三元四運					
873	872	871	870	869	868	867	866	865	864	863	862	861	860	859	西元
十四	十三	十二	十一	十	九	八	七	六	五	四	三	二	咸通元年	十三	朝代帝號
癸巳	壬辰	辛卯	庚寅	己丑	戊子	丁亥	丙戌	乙酉	甲申	癸未	壬午	辛巳	庚辰	己卯	干支

大三元二運															元運
小三元六運					小三元五運										
888	887	886	885	884	883	882	881	880	879	878	877	876	875	874	西元
文德元年	三	二	光啟元年	四	三	二	中和元年	廣明元年	六	五	四	三	二	乾符元年	朝代帝號
戊申	丁未	丙午	乙巳	甲辰	癸卯	壬寅	辛丑	庚子	己亥	戊戌	丁酉	丙申	乙未	甲午	干支

大三元二運															元運
小三元六運															
903	902	901	900	899	898	897	896	895	894	893	892	891	890	889	西元
三	二	天復元年	三	二	光化元年	四	三	二	乾寧元年	二	景福元年	二	大順元年	龍紀元年	朝代帝號
癸亥	壬戌	辛酉	庚申	己未	戊午	丁巳	丙辰	乙卯	甲寅	癸丑	壬子	辛亥	庚戌	己酉	干支

元運	大三元三運														
	小三元七運														
西元	904	905	906	907	908	909	910	911	912	913	914	915	916	917	918
朝代帝號	天祐元年	二	三	開平元年	二	三	四	乾化元年	二	三	四	貞明元年	二	三	四
干支	甲子	乙丑	丙寅	丁卯	戊辰	己巳	庚午	辛未	壬申	癸酉	甲戌	乙亥	丙子	丁丑	戊寅

元運	大三元三運														
	小三元七運					小三元八運									
西元	919	920	921	922	923	924	925	926	927	928	929	930	931	932	933
朝代帝號	五	六	龍德元年	二	同光元年	二	三	天成元年	二	三	四	長興元年	二	三	四
干支	己卯	庚辰	辛巳	壬午	癸未	甲申	乙酉	丙戌	丁亥	戊子	己丑	庚寅	辛卯	壬辰	癸巳

元運	大三元三運														
	小三元八運										小三元九運				
西元	934	935	936	937	938	939	940	941	942	943	944	945	946	947	948
朝代帝號	清泰元年	二	天福元年	二	三	四	五	六	七	八	開運元年	二	三	天福元年	乾祐元年
干支	甲午	乙未	丙申	丁酉	戊戌	己亥	庚子	辛丑	壬寅	癸卯	甲辰	乙巳	丙午	丁未	戊申

元運	大三元三運														
	小三元九運														
西元	949	950	951	952	953	954	955	956	957	958	959	960	961	962	963
朝代帝號	二	三	廣順元年	二	三	顯德元年	二	三	四	五	六	建隆元年	二	三	乾德元年
干支	己酉	庚戌	辛亥	壬子	癸丑	甲寅	乙卯	丙辰	丁巳	戊午	己未	庚申	辛酉	壬戌	癸亥

元運	大三元四運														
	小三元一運														
西元	964	965	966	967	968	969	970	971	972	973	974	975	976	977	978
朝代帝號	二	三	四	五	開寶元年	二	三	四	五	六	七	八	太平興國元年	二	三
干支	甲子	乙丑	丙寅	丁卯	戊辰	己巳	庚午	辛未	壬申	癸酉	甲戌	乙亥	丙子	丁丑	戊寅

元運	大三元四運														
	小三元一運					小三元二運									
西元	979	980	981	982	983	984	985	986	987	988	989	990	991	992	993
朝代帝號	四	五	六	七	八	雍熙元年	二	三	四	端拱元年	二	淳化元年	二	三	四
干支	己卯	庚辰	辛巳	壬午	癸未	甲申	乙酉	丙戌	丁亥	戊子	己丑	庚寅	辛卯	壬辰	癸巳

元運	大三元四運														
元運	小三元二運										小三元三運				
西元	994	995	996	997	998	999	1000	1001	1002	1003	1004	1005	1006	1007	1008
朝代帝號	五	至道元年	二	三	咸平元年	二	三	四	五	六	景德元年	二	三	四	大中祥符元年
干支	甲午	乙未	丙申	丁酉	戊戌	己亥	庚子	辛丑	壬寅	癸卯	甲辰	乙巳	丙午	丁未	戊申

元運	大三元四運														
元運	小三元三運														
西元	1009	1010	1011	1012	1013	1014	1015	1016	1017	1018	1019	1020	1021	1022	1023
朝代帝號	二	三	四	五	六	七	八	九	天禧元年	二	三	四	五	乾興元年	天聖元年
干支	己酉	庚戌	辛亥	壬子	癸丑	甲寅	乙卯	丙辰	丁巳	戊午	己未	庚申	辛酉	壬戌	癸亥

元運	大三元五運														
元運	小三元四運														
西元	1024	1025	1026	1027	1028	1029	1030	1031	1032	1033	1034	1035	1036	1037	1038
朝代帝號	二	三	四	五	六	七	八	九	明道元年	二	景祐元年	二	三	四	寶元元年
干支	甲子	乙丑	丙寅	丁卯	戊辰	己巳	庚午	辛未	壬申	癸酉	甲戌	乙亥	丙子	丁丑	戊寅

元運	大三元五運														
元運	小三元四運					小三元五運									
西元	1039	1040	1041	1042	1043	1044	1045	1046	1047	1048	1049	1050	1051	1052	1053
朝代帝號	二	康定元年	慶曆元年	二	三	四	五	六	七	八	皇祐元年	二	三	四	五
干支	己卯	庚辰	辛巳	壬午	癸未	甲申	乙酉	丙戌	丁亥	戊子	己丑	庚寅	辛卯	壬辰	癸巳

元運	大三元五運														
元運	小三元五運										小三元六運				
西元	1054	1055	1056	1057	1058	1059	1060	1061	1062	1063	1064	1065	1066	1067	1068
朝代帝號	至和元年	二	嘉祐元年	二	三	四	五	六	七	八	治平元年	二	三	四	熙寧元年
干支	甲午	乙未	丙申	丁酉	戊戌	己亥	庚子	辛丑	壬寅	癸卯	甲辰	乙巳	丙午	丁未	戊申

元運	大三元五運														
元運	小三元六運														
西元	1069	1070	1071	1072	1073	1074	1075	1076	1077	1078	1079	1080	1081	1082	1083
朝代帝號	二	三	四	五	六	七	八	九	十	元豐元年	二	三	四	五	六
干支	己酉	庚戌	辛亥	壬子	癸丑	甲寅	乙卯	丙辰	丁巳	戊午	己未	庚申	辛酉	壬戌	癸亥

元運	大三元六運														
	小三元七運														
西元	1084	1085	1086	1087	1088	1089	1090	1091	1092	1093	1094	1095	1096	1097	1098
朝代帝號	七	八	天祐元年	二	三	四	五	六	七	八	紹聖元年	二	三	四	元符元年
干支	甲子	乙丑	丙寅	丁卯	戊辰	己巳	庚午	辛未	壬申	癸酉	甲戌	乙亥	丙子	丁丑	戊寅

元運	大三元六運														
	小三元七運					小三元八運									
西元	1099	1100	1101	1102	1103	1104	1105	1106	1107	1108	1109	1110	1111	1112	1113
朝代帝號	二	三	建中靖國元年	崇寧元年	二	三	四	五	大觀元年	二	三	四	政和元年	二	三
干支	己卯	庚辰	辛巳	壬午	癸未	甲申	乙酉	丙戌	丁亥	戊子	己丑	庚寅	辛卯	壬辰	癸巳

元運	大三元六運														
	小三元八運										小三元九運				
西元	1114	1115	1116	1117	1118	1119	1120	1121	1122	1123	1124	1125	1126	1127	1128
朝代帝號	四	五	六	七	重和元年	宣和元年	二	三	四	五	六	七	靖康元年	建炎元年	二
干支	甲午	乙未	丙申	丁酉	戊戌	己亥	庚子	辛丑	壬寅	癸卯	甲辰	乙巳	丙午	丁未	戊申

元運	大三元六運														
	小三元九運														
西元	1129	1130	1131	1132	1133	1134	1135	1136	1137	1138	1139	1140	1141	1142	1143
朝代帝號	三	四	紹興元年	二	三	四	五	六	七	八	九	十	十一	十二	十三
干支	己酉	庚戌	辛亥	壬子	癸丑	甲寅	乙卯	丙辰	丁巳	戊午	己未	庚申	辛酉	壬戌	癸亥

元運	大三元七運														
	小三元一運														
西元	1144	1145	1146	1147	1148	1149	1150	1151	1152	1153	1154	1155	1156	1157	1158
朝代帝號	十四	十五	十六	十七	十八	十九	廿	廿一	廿二	廿三	廿四	廿五	廿六	廿七	廿八
干支	甲子	乙丑	丙寅	丁卯	戊辰	己巳	庚午	辛未	壬申	癸酉	甲戌	乙亥	丙子	丁丑	戊寅

元運	大三元七運														
	小三元一運					小三元二運									
西元	1159	1160	1161	1162	1163	1164	1165	1166	1167	1168	1169	1170	1171	1172	1173
朝代帝號	廿九	卅	卅一	卅二	隆興元年	二	乾道元年	二	三	四	五	六	七	八	九
干支	己卯	庚辰	辛巳	壬午	癸未	甲申	乙酉	丙戌	丁亥	戊子	己丑	庚寅	辛卯	壬辰	癸巳

元運	大三元七運														
	小三元二運										小三元三運				
西元	1174	1175	1176	1177	1178	1179	1180	1181	1182	1183	1184	1185	1186	1187	1188
朝代帝號	淳熙元年	二	三	四	五	六	七	八	九	十	十一	十二	十三	十四	十五
干支	甲午	乙未	丙申	丁酉	戊戌	己亥	庚子	辛丑	壬寅	癸卯	甲辰	乙巳	丙午	丁未	戊申

元運	大三元七運														
	小三元三運														
西元	1189	1190	1191	1192	1193	1194	1195	1196	1197	1198	1199	1200	1201	1202	1203
朝代帝號	十六	紹熙元年	二	三	四	五	慶元元年	二	三	四	五	六	嘉泰元年	二	三
干支	己酉	庚戌	辛亥	壬子	癸丑	甲寅	乙卯	丙辰	丁巳	戊午	己未	庚申	辛酉	壬戌	癸亥

元運	大三元八運														
	小三元四運														
西元	1204	1205	1206	1207	1208	1209	1210	1211	1212	1213	1214	1215	1216	1217	1218
朝代帝號	四	開禧元年	二	三	嘉定元年	二	三	四	五	六	七	八	九	十	十一
干支	甲子	乙丑	丙寅	丁卯	戊辰	己巳	庚午	辛未	壬申	癸酉	甲戌	乙亥	丙子	丁丑	戊寅

元運	大三元八運														
	小三元四運					小三元五運									
西元	1219	1220	1221	1222	1223	1224	1225	1226	1227	1228	1229	1230	1231	1232	1233
朝代帝號	十二	十三	十四	十五	十六	十七	寶慶元年	二	三	紹定元年	二	三	四	五	六
干支	己卯	庚辰	辛巳	壬午	癸未	甲申	乙酉	丙戌	丁亥	戊子	己丑	庚寅	辛卯	壬辰	癸巳

元運	大三元八運														
	小三元五運										小三元六運				
西元	1234	1235	1236	1237	1238	1239	1240	1241	1242	1243	1244	1245	1246	1247	1248
朝代帝號	端平元年	二	三	嘉熙元年	二	三	四	淳祐元年	二	三	四	五	六	七	八
干支	甲午	乙未	丙申	丁酉	戊戌	己亥	庚子	辛丑	壬寅	癸卯	甲辰	乙巳	丙午	丁未	戊申

元運	大三元八運														
	小三元六運														
西元	1249	1250	1251	1252	1253	1254	1255	1256	1257	1258	1259	1260	1261	1262	1263
朝代帝號	九	十	十一	十二	寶祐元年	二	三	四	五	六	開慶元年	景定元年	二	三	四
干支	己酉	庚戌	辛亥	壬子	癸丑	甲寅	乙卯	丙辰	丁巳	戊午	己未	庚申	辛酉	壬戌	癸亥

元運	大三元九運														
	小三元七運														
西元	1264	1265	1266	1267	1268	1269	1270	1271	1272	1273	1274	1275	1276	1277	1278
朝代帝號	五 元・至元元年	咸淳元年 二	二 三	三 四	四 五	五 六	六 七	七 八	八 九	九 十	十 十一	德佑元年	景炎元年 至元元年	十四	十五
干支	甲子	乙丑	丙寅	丁卯	戊辰	己巳	庚午	辛未	壬申	癸酉	甲戌	乙亥	丙子	丁丑	戊寅

元運	大三元九運														
	小三元七運					小三元八運									
西元	1279	1280	1281	1282	1283	1284	1285	1286	1287	1288	1289	1290	1291	1292	1293
朝代帝號	十六	十七	十八	十九	廿	廿一	廿二	廿三	廿四	廿五	廿六	廿七	廿八	廿九	卅
干支	己卯	庚辰	辛巳	壬午	癸未	甲申	乙酉	丙戌	丁亥	戊子	己丑	庚寅	辛卯	壬辰	癸巳

元運	大三元九運														
	小三元八運										小三元九運				
西元	1294	1295	1296	1297	1298	1299	1300	1301	1302	1303	1304	1305	1306	1307	1308
朝代帝號	卅一	元貞元年	二	大德元年	二	三	四	五	六	七	八	九	十	十一	至大元年
干支	甲午	乙未	丙申	丁酉	戊戌	己亥	庚子	辛丑	壬寅	癸卯	甲辰	乙巳	丙午	丁未	戊申

元運	大三元九運														
	小三元九運														
西元	1309	1310	1311	1312	1313	1314	1315	1316	1317	1318	1319	1320	1321	1322	1323
朝代帝號	二	三	四	皇慶元年	二	延祐元年	二	三	四	五	六	七	至治元年	二	三
干支	己酉	庚戌	辛亥	壬子	癸丑	甲寅	乙卯	丙辰	丁巳	戊午	己未	庚申	辛酉	壬戌	癸亥

元運	大三元一運														
	小三元一運														
西元	1324	1325	1326	1327	1328	1329	1330	1331	1332	1333	1334	1335	1336	1337	1338
朝代帝號	泰定元年	二	三	四	天曆元年	二	至順元年	二	三	元統元年	二	後至元元年	二	三	四
干支	甲子	乙丑	丙寅	丁卯	戊辰	己巳	庚午	辛未	壬申	癸酉	甲戌	乙亥	丙子	丁丑	戊寅

元運	大三元一運														
	小三元一運					小三元二運									
西元	1339	1340	1341	1342	1343	1344	1345	1346	1347	1348	1349	1350	1351	1352	1353
朝代帝號	五	六	至正元年	二	三	四	五	六	七	八	九	十	十一	十二	十三
干支	己卯	庚辰	辛巳	壬午	癸未	甲申	乙酉	丙戌	丁亥	戊子	己丑	庚寅	辛卯	壬辰	癸巳

元運	大三元一運														
	小三元二運										小三元三運				
西元	1354	1355	1356	1357	1358	1359	1360	1361	1362	1363	1364	1365	1366	1367	1368
朝代帝號	十四	十五	十六	十七	十八	十九	廿	廿一	廿二	廿三	廿四	廿五	廿六	廿七	洪武元年
干支	甲午	乙未	丙申	丁酉	戊戌	己亥	庚子	辛丑	壬寅	癸卯	甲辰	乙巳	丙午	丁未	戊申

元運	大三元一運														
	小三元三運														
西元	1369	1370	1371	1372	1373	1374	1375	1376	1377	1378	1379	1380	1381	1382	1383
朝代帝號	二	三	四	五	六	七	八	九	十	十一	十二	十三	十四	十五	十六
干支	己酉	庚戌	辛亥	壬子	癸丑	甲寅	乙卯	丙辰	丁巳	戊午	己未	庚申	辛酉	壬戌	癸亥

元運	大三元二運														
	小三元四運														
西元	1384	1385	1386	1387	1388	1389	1390	1391	1392	1393	1394	1395	1396	1397	1398
朝代帝號	十七	十八	十九	廿	廿一	廿二	廿三	廿四	廿五	廿六	廿七	廿八	廿九	卅	卅一
干支	甲子	乙丑	丙寅	丁卯	戊辰	己巳	庚午	辛未	壬申	癸酉	甲戌	乙亥	丙子	丁丑	戊寅

元運	大三元二運														
	小三元四運					小三元五運									
西元	1399	1400	1401	1402	1403	1404	1405	1406	1407	1408	1409	1410	1411	1412	1413
朝代帝號	建文元年	二	三	四	永樂元年	二	三	四	五	六	七	八	九	十	十一
干支	己卯	庚辰	辛巳	壬午	癸未	甲申	乙酉	丙戌	丁亥	戊子	己丑	庚寅	辛卯	壬辰	癸巳

元運	大三元二運														
	小三元五運										小三元六運				
西元	1414	1415	1416	1417	1418	1419	1420	1421	1422	1423	1424	1425	1426	1427	1428
朝代帝號	十二	十三	十四	十五	十六	十七	十八	十九	廿	廿一	廿二	洪熙元年	宣德元年	二	三
干支	甲午	乙未	丙申	丁酉	戊戌	己亥	庚子	辛丑	壬寅	癸卯	甲辰	乙巳	丙午	丁未	戊申

元運	大三元二運														
	小三元六運														
西元	1429	1430	1431	1432	1433	1434	1435	1436	1437	1438	1439	1440	1441	1442	1443
朝代帝號	四	五	六	七	八	九	十	正統元年	二	三	四	五	六	七	八
干支	己酉	庚戌	辛亥	壬子	癸丑	甲寅	乙卯	丙辰	丁巳	戊午	己未	庚申	辛酉	壬戌	癸亥

元運	大三元三運														
元運	小三元七運														
西元	1444	1445	1446	1447	1448	1449	1450	1451	1452	1453	1454	1455	1456	1457	1458
朝代帝號	九	十	十一	十二	十三	十四	景泰元年	二	三	四	五	六	七	天順元年	二
干支	甲子	乙丑	丙寅	丁卯	戊辰	己巳	庚午	辛未	壬申	癸酉	甲戌	乙亥	丙子	丁丑	戊寅

元運	大三元三運														
元運	小三元七運					小三元八運									
西元	1459	1460	1461	1462	1463	1464	1465	1466	1467	1468	1469	1470	1471	1472	1473
朝代帝號	三	四	五	六	七	八	成化元年	二	三	四	五	六	七	八	九
干支	己卯	庚辰	辛巳	壬午	癸未	甲申	乙酉	丙戌	丁亥	戊子	己丑	庚寅	辛卯	壬辰	癸巳

元運	大三元三運														
元運	小三元八運										小三元九運				
西元	1474	1475	1476	1477	1478	1479	1480	1481	1482	1483	1484	1485	1486	1487	1488
朝代帝號	十	十一	十二	十三	十四	十五	十六	十七	十八	十九	廿	廿一	廿二	廿三	弘治元年
干支	甲午	乙未	丙申	丁酉	戊戌	己亥	庚子	辛丑	壬寅	癸卯	甲辰	乙巳	丙午	丁未	戊申

元運	大三元三運														
元運	小三元九運														
西元	1489	1490	1491	1492	1493	1494	1495	1496	1497	1498	1499	1500	1501	1502	1503
朝代帝號	二	三	四	五	六	七	八	九	十	十一	十二	十三	十四	十五	十六
干支	己酉	庚戌	辛亥	壬子	癸丑	甲寅	乙卯	丙辰	丁巳	戊午	己未	庚申	辛酉	壬戌	癸亥

元運	大三元四運														
元運	小三元一運														
西元	1504	1505	1506	1507	1508	1509	1510	1511	1512	1513	1514	1515	1516	1517	1518
朝代帝號	十七	十八	正德元年	二	三	四	五	六	七	八	九	十	十一	十二	十三
干支	甲子	乙丑	丙寅	丁卯	戊辰	己巳	庚午	辛未	壬申	癸酉	甲戌	乙亥	丙子	丁丑	戊寅

元運	大三元四運														
元運	小三元一運					小三元二運									
西元	1519	1520	1521	1522	1523	1524	1525	1526	1527	1528	1529	1530	1531	1532	1533
朝代帝號	十四	十五	十六	嘉靖元年	二	三	四	五	六	七	八	九	十	十一	十二
干支	己卯	庚辰	辛巳	壬午	癸未	甲申	乙酉	丙戌	丁亥	戊子	己丑	庚寅	辛卯	壬辰	癸巳

元運	大三元四運														
元運	小三元二運										小三元三運				
西元	1534	1535	1536	1537	1538	1539	1540	1541	1542	1543	1544	1545	1546	1547	1548
朝代帝號	十三	十四	十五	十六	十七	十八	十九	廿	廿一	廿二	廿三	廿四	廿五	廿六	廿七
干支	甲午	乙未	丙申	丁酉	戊戌	己亥	庚子	辛丑	壬寅	癸卯	甲辰	乙巳	丙午	丁未	戊申

元運	大三元四運														
元運	小三元三運														
西元	1549	1550	1551	1552	1553	1554	1555	1556	1557	1558	1559	1560	1561	1562	1563
朝代帝號	廿八	廿九	卅	卅一	卅二	卅三	卅四	卅五	卅六	卅七	卅八	卅九	四十	四一	四二
干支	己酉	庚戌	辛亥	壬子	癸丑	甲寅	乙卯	丙辰	丁巳	戊午	己未	庚申	辛酉	壬戌	癸亥

元運	大三元五運														
元運	小三元四運														
西元	1564	1565	1566	1567	1568	1569	1570	1571	1572	1573	1574	1575	1576	1577	1578
朝代帝號	四三	四四	四五	隆慶元年	二	三	四	五	六	萬曆元年	二	三	四	五	六
干支	甲子	乙丑	丙寅	丁卯	戊辰	己巳	庚午	辛未	壬申	癸酉	甲戌	乙亥	丙子	丁丑	戊寅

元運	大三元五運														
元運	小三元四運					小三元五運									
西元	1579	1580	1581	1582	1583	1584	1585	1586	1587	1588	1589	1590	1591	1592	1593
朝代帝號	七	八	九	十	十一	十二	十三	十四	十五	十六	十七	十八	十九	廿	廿一
干支	己卯	庚辰	辛巳	壬午	癸未	甲申	乙酉	丙戌	丁亥	戊子	己丑	庚寅	辛卯	壬辰	癸巳

元運	大三元五運														
元運	小三元五運										小三元六運				
西元	1594	1595	1596	1597	1598	1599	1600	1601	1602	1603	1604	1605	1606	1607	1608
朝代帝號	廿二	廿三	廿四	廿五	廿六	廿七	廿八	廿九	卅	卅一	卅二	卅三	卅四	卅五	卅六
干支	甲午	乙未	丙申	丁酉	戊戌	己亥	庚子	辛丑	壬寅	癸卯	甲辰	乙巳	丙午	丁未	戊申

元運	大三元五運														
元運	小三元六運														
西元	1609	1610	1611	1612	1613	1614	1615	1616	1617	1618	1619	1620	1621	1622	1623
朝代帝號	卅七	卅八	卅九	四十	四一	四二	四三	四四	四五	四六	四七	泰昌元年	天啟元年	二	三
干支	己酉	庚戌	辛亥	壬子	癸丑	甲寅	乙卯	丙辰	丁巳	戊午	己未	庚申	辛酉	壬戌	癸亥

元運	大三元六運														
元運	小三元七運														
西元	1624	1625	1626	1627	1628	1629	1630	1631	1632	1633	1634	1635	1636	1637	1638
朝代帝號	四	五	六	七	崇禎元年	二	三	四	五	六	七	八	九	十	十一
干支	甲子	乙丑	丙寅	丁卯	戊辰	己巳	庚午	辛未	壬申	癸酉	甲戌	乙亥	丙子	丁丑	戊寅

元運	大三元六運														
元運	小三元七運					小三元八運									
西元	1639	1640	1641	1642	1643	1644	1645	1646	1647	1648	1649	1650	1651	1652	1653
朝代帝號	十二	十三	十四	十五	十六	順治元年	二	三	四	五	六	七	八	九	十
干支	己卯	庚辰	辛巳	壬午	癸未	甲申	乙酉	丙戌	丁亥	戊子	己丑	庚寅	辛卯	壬辰	癸巳

元運	大三元六運														
元運	小三元八運										小三元九運				
西元	1654	1655	1656	1657	1658	1659	1660	1661	1662	1663	1664	1665	1666	1667	1668
朝代帝號	十一	十二	十三	十四	十五	十六	十七	十八	康熙元年	二	三	四	五	六	七
干支	甲午	乙未	丙申	丁酉	戊戌	己亥	庚子	辛丑	壬寅	癸卯	甲辰	乙巳	丙午	丁未	戊申

元運	大三元六運														
元運	小三元九運														
西元	1669	1670	1671	1672	1673	1674	1675	1676	1677	1678	1679	1680	1681	1682	1683
朝代帝號	八	九	十	十一	十二	十三	十四	十五	十六	十七	十八	十九	廿	廿一	廿二
干支	己酉	庚戌	辛亥	壬子	癸丑	甲寅	乙卯	丙辰	丁巳	戊午	己未	庚申	辛酉	壬戌	癸亥

元運	大三元七運														
元運	小三元一運														
西元	1684	1685	1686	1687	1688	1689	1690	1691	1692	1693	1694	1695	1696	1697	1698
朝代帝號	廿三	廿四	廿五	廿六	廿七	廿八	廿九	卅	卅一	卅二	卅三	卅四	卅五	卅六	卅七
干支	甲子	乙丑	丙寅	丁卯	戊辰	己巳	庚午	辛未	壬申	癸酉	甲戌	乙亥	丙子	丁丑	戊寅

元運	大三元七運														
元運	小三元一運					小三元二運									
西元	1699	1700	1701	1702	1703	1704	1705	1706	1707	1708	1709	1710	1711	1712	1713
朝代帝號	卅八	卅九	四十	四一	四二	四三	四四	四五	四六	四七	四八	四九	五十	五一	五二
干支	己卯	庚辰	辛巳	壬午	癸未	甲申	乙酉	丙戌	丁亥	戊子	己丑	庚寅	辛卯	壬辰	癸巳

元運	大三元七運														
	小三元二運										小三元三運				
西元	1714	1715	1716	1717	1718	1719	1720	1721	1722	1723	1724	1725	1726	1727	1728
朝代帝號	五三	五四	五五	五六	五七	五八	五九	六十	六一	雍正元年	二	三	四	五	六
干支	甲午	乙未	丙申	丁酉	戊戌	己亥	庚子	辛丑	壬寅	癸卯	甲辰	乙巳	丙午	丁未	戊申

元運	大三元七運														
	小三元三運														
西元	1729	1730	1731	1732	1733	1734	1735	1736	1737	1738	1739	1740	1741	1742	1743
朝代帝號	七	八	九	十	十一	十二	十三	乾隆元年	二	三	四	五	六	七	八
干支	己酉	庚戌	辛亥	壬子	癸丑	甲寅	乙卯	丙辰	丁巳	戊午	己未	庚申	辛酉	壬戌	癸亥

元運	大三元八運														
	小三元四運														
西元	1744	1745	1746	1747	1748	1749	1750	1751	1752	1753	1754	1755	1756	1757	1758
朝代帝號	九	十	十一	十二	十三	十四	十五	十六	十七	十八	十九	廿	廿一	廿二	廿三
干支	甲子	乙丑	丙寅	丁卯	戊辰	己巳	庚午	辛未	壬申	癸酉	甲戌	乙亥	丙子	丁丑	戊寅

元運	大三元八運														
	小三元四運					小三元五運									
西元	1759	1760	1761	1762	1763	1764	1765	1766	1767	1768	1769	1770	1771	1772	1773
朝代帝號	廿四	廿五	廿六	廿七	廿八	廿九	卅	卅一	卅二	卅三	卅四	卅五	卅六	卅七	卅八
干支	己卯	庚辰	辛巳	壬午	癸未	甲申	乙酉	丙戌	丁亥	戊子	己丑	庚寅	辛卯	壬辰	癸巳

元運	大三元八運														
	小三元五運										小三元六運				
西元	1774	1775	1776	1777	1778	1779	1780	1781	1782	1783	1784	1785	1786	1787	1788
朝代帝號	卅九	四十	四一	四二	四三	四四	四五	四六	四七	四八	四九	五十	五一	五二	五三
干支	甲午	乙未	丙申	丁酉	戊戌	己亥	庚子	辛丑	壬寅	癸卯	甲辰	乙巳	丙午	丁未	戊申

元運	大三元八運														
	小三元六運														
西元	1789	1790	1791	1792	1793	1794	1795	1796	1797	1798	1799	1800	1801	1802	1803
朝代帝號	五四	五五	五六	五七	五八	五九	六十	嘉慶元年	二	三	四	五	六	七	八
干支	己酉	庚戌	辛亥	壬子	癸丑	甲寅	乙卯	丙辰	丁巳	戊午	己未	庚申	辛酉	壬戌	癸亥

大三元九運															元運
小三元七運															
1818	1817	1816	1815	1814	1813	1812	1811	1810	1809	1808	1807	1806	1805	1804	西元
廿三	廿二	廿一	廿	十九	十八	十七	十六	十五	十四	十三	十二	十一	十	九	朝代帝號
戊寅	丁丑	丙子	乙亥	甲戌	癸酉	壬申	辛未	庚午	己巳	戊辰	丁卯	丙寅	乙丑	甲子	干支

大三元九運															元運
小三元八運										小三元七運					
1833	1832	1831	1830	1829	1828	1827	1826	1825	1824	1823	1822	1821	1820	1819	西元
十三	十二	十一	十	九	八	七	六	五	四	三	二	道光元年	廿五	廿四	朝代帝號
癸巳	壬辰	辛卯	庚寅	己丑	戊子	丁亥	丙戌	乙酉	甲申	癸未	壬午	辛巳	庚辰	己卯	干支

大三元九運															元運
小三元九運					小三元八運										
1848	1847	1846	1845	1844	1843	1842	1841	1840	1839	1838	1837	1836	1835	1834	西元
廿八	廿七	廿六	廿五	廿四	廿三	廿二	廿一	廿	十九	十八	十七	十六	十五	十四	朝代帝號
戊申	丁未	丙午	乙巳	甲辰	癸卯	壬寅	辛丑	庚子	己亥	戊戌	丁酉	丙申	乙未	甲午	干支

大三元九運															元運
小三元九運															
1863	1862	1861	1860	1859	1858	1857	1856	1855	1854	1853	1852	1851	1850	1849	西元
二	同治元年	十一	十	九	八	七	六	五	四	三	二	咸豐元年	卅	廿九	朝代帝號
癸亥	壬戌	辛酉	庚申	己未	戊午	丁巳	丙辰	乙卯	甲寅	癸丑	壬子	辛亥	庚戌	己酉	干支

大三元一運															元運
小三元一運															
1878	1877	1876	1875	1874	1873	1872	1871	1870	1869	1868	1867	1866	1865	1864	西元
四	三	二	光緒元年	十三	十二	十一	十	九	八	七	六	五	四	三	朝代帝號
戊寅	丁丑	丙子	乙亥	甲戌	癸酉	壬申	辛未	庚午	己巳	戊辰	丁卯	丙寅	乙丑	甲子	干支

大三元一運															元運
小三元二運										小三元一運					
1893	1892	1891	1890	1889	1888	1887	1886	1885	1884	1883	1882	1881	1880	1879	西元
十九	十八	十七	十六	十五	十四	十三	十二	十一	十	九	八	七	六	五	朝代帝號
癸巳	壬辰	辛卯	庚寅	己丑	戊子	丁亥	丙戌	乙酉	甲申	癸未	壬午	辛巳	庚辰	己卯	干支

元運	1894	1895	1896	1897	1898	1899	1900	1901	1902	1903	1904	1905	1906	1907	1908
大運	大三元一運														
小運	小三元二運										小三元三運				
西元	1894	1895	1896	1897	1898	1899	1900	1901	1902	1903	1904	1905	1906	1907	1908
朝代帝號	廿	廿一	廿二	廿三	廿四	廿五	廿六	廿七	廿八	廿九	卅	卅一	卅二	卅三	卅四
干支	甲午	乙未	丙申	丁酉	戊戌	己亥	庚子	辛丑	壬寅	癸卯	甲辰	乙巳	丙午	丁未	戊申

元運	1909	1910	1911	1912	1913	1914	1915	1916	1917	1918	1919	1920	1921	1922	1923
大運	大三元一運														
小運	小三元三運														
西元	1909	1910	1911	1912	1913	1914	1915	1916	1917	1918	1919	1920	1921	1922	1923
朝代帝號	宣統元年	二	三	民國元年	二	三	四	五	六	七	八	九	十	十一	十二
干支	己酉	庚戌	辛亥	壬子	癸丑	甲寅	乙卯	丙辰	丁巳	戊午	己未	庚申	辛酉	壬戌	癸亥

元運	1924	1925	1926	1927	1928	1929	1930	1931	1932	1933	1934	1935	1936	1937	1938
大運	大三元二運														
小運	小三元四運														
西元	1924	1925	1926	1927	1928	1929	1930	1931	1932	1933	1934	1935	1936	1937	1938
朝代帝號	十三	十四	十五	十六	十七	十八	十九	廿	廿一	廿二	廿三	廿四	廿五	廿六	廿七
干支	甲子	乙丑	丙寅	丁卯	戊辰	己巳	庚午	辛未	壬申	癸酉	甲戌	乙亥	丙子	丁丑	戊寅

元運	1939	1940	1941	1942	1943	1944	1945	1946	1947	1948	1949	1950	1951	1952	1953
大運	大三元二運														
小運	小三元四運					小三元五運									
西元	1939	1940	1941	1942	1943	1944	1945	1946	1947	1948	1949	1950	1951	1952	1953
朝代帝號	廿八	廿九	卅	卅一	卅二	卅三	卅四	卅五	卅六	卅七	卅八 中華人民共和國元年	卅九 二	四十 三	四一 四	四二 五
干支	己卯	庚辰	辛巳	壬午	癸未	甲申	乙酉	丙戌	丁亥	戊子	己丑	庚寅	辛卯	壬辰	癸巳

元運	1954	1955	1956	1957	1958	1959	1960	1961	1962	1963	1964	1965	1966	1967	1968
大運	大三元二運														
小運	小三元五運										小三元六運				
西元	1954	1955	1956	1957	1958	1959	1960	1961	1962	1963	1964	1965	1966	1967	1968
朝代帝號	四三 六	四四 七	四五 八	四六 九	四七 十	四八 十一	四九 十二	五十 十三	五一 十四	五二 十五	五三 十六	五四 十七	五五 十八	五六 十九	五七 廿
干支	甲午	乙未	丙申	丁酉	戊戌	己亥	庚子	辛丑	壬寅	癸卯	甲辰	乙巳	丙午	丁未	戊申

元運	1969	1970	1971	1972	1973	1974	1975	1976	1977	1978	1979	1980	1981	1982	1983
大運	大三元二運														
小運	小三元六運														
西元	1969	1970	1971	1972	1973	1974	1975	1976	1977	1978	1979	1980	1981	1982	1983
朝代帝號	五八 廿一	五九 廿二	六十 廿三	六一 廿四	六二 廿五	六三 廿六	六四 廿七	六五 廿八	六六 廿九	六七 卅	六八 卅一	六九 卅二	七十 卅三	七一 卅四	七二 卅五
干支	己酉	庚戌	辛亥	壬子	癸丑	甲寅	乙卯	丙辰	丁巳	戊午	己未	庚申	辛酉	壬戌	癸亥

元運	大三元三運														
	小三元七運														
西元	1984	1985	1986	1987	1988	1989	1990	1991	1992	1993	1994	1995	1996	1997	1998
朝代帝號	七三	七四	七五	七六	七七	七八	七九	八十	八一	八二	八三	八四	八五	八六	八七
	卅六	卅七	卅八	卅九	四十	四一	四二	四三	四四	四五	四六	四七	四八	四九	五十
干支	甲子	乙丑	丙寅	丁卯	戊辰	己巳	庚午	辛未	壬申	癸酉	甲戌	乙亥	丙子	丁丑	戊寅

元運	大三元三運														
	小三元七運					小三元八運									
西元	1999	2000	2001	2002	2003	2004	2005	2006	2007	2008	2009	2010	2011	2012	2013
朝代帝號	八八	八九	九十	九一	九二	九三	九四	九五	九六	九七	九八	九九	一〇〇	一〇一	一〇二
	五一	五二	五三	五四	五五	五六	五七	五八	五九	六十	六一	六二	六三	六四	六五
干支	己卯	庚辰	辛巳	壬午	癸未	甲申	乙酉	丙戌	丁亥	戊子	己丑	庚寅	辛卯	壬辰	癸巳

元運	大三元三運														
	小三元八運										小三元九運				
西元	2014	2015	2016	2017	2018	2019	2020	2021	2022	2023	2024	2025	2026	2027	2028
朝代帝號	一〇三	一〇四	一〇五	一〇六	一〇七	一〇八	一〇九	一一〇	一一一	一一二	一一三	一一四	一一五	一一六	一一七
	六六	六七	六八	六九	七十	七一	七二	七三	七四	七五	七六	七七	七八	七九	八十
干支	甲午	乙未	丙申	丁酉	戊戌	己亥	庚子	辛丑	壬寅	癸卯	甲辰	乙巳	丙午	丁未	戊申

元運	大三元三運														
	小三元九運														
西元	2029	2030	2031	2032	2033	2034	2035	2036	2037	2038	2039	2040	2041	2042	2043
朝代帝號	一一八	一一九	一二〇	一二一	一二二	一二三	一二四	一二五	一二六	一二七	一二八	一二九	一三〇	一三一	一三二
	八一	八二	八三	八四	八五	八六	八七	八八	八九	九十	九一	九二	九三	九四	九五
干支	己酉	庚戌	辛亥	壬子	癸丑	甲寅	乙卯	丙辰	丁巳	戊午	己未	庚申	辛酉	壬戌	癸亥

元運	大三元四運														
	小三元一運														
西元	2044	2045	2046	2047	2048	2049	2050	2051	2052	2053	2054	2055	2056	2057	2058
朝代帝號															
干支	甲子	乙丑	丙寅	丁卯	戊辰	己巳	庚午	辛未	壬申	癸酉	甲戌	乙亥	丙子	丁丑	戊寅

元運	大三元四運														
	小三元一運					小三元二運									
西元	2059	2060	2061	2062	2063	2064	2065	2066	2067	2068	2069	2070	2071	2072	2073
朝代帝號															
干支	己卯	庚辰	辛巳	壬午	癸未	甲申	乙酉	丙戌	丁亥	戊子	己丑	庚寅	辛卯	壬辰	癸巳

每一個小元運有二十年
每一個大元運有六十年
三個小元運成一個大元運

小三元一運　　　上元一白入中

1504	1505	1506	1507	1508	1509	1510	1511	1512	1513
1684	1685	1686	1687	1688	1689	1690	1691	1692	1693
1864	1865	1866	1867	1868	1869	1870	1871	1872	1873
甲子	乙丑	丙寅	丁卯	戊辰	己巳	庚午	辛未	壬申	癸酉

1514	1515	1516	1517	1518	1519	1520	1521	1522	1523
1694	1695	1696	1697	1698	1699	1700	1701	1702	1703
1874	1875	1876	1877	1878	1879	1880	1881	1882	1883
甲戌	乙亥	丙子	丁丑	戊寅	己卯	庚辰	辛巳	壬午	癸未

二運

1524	1525	1526	1527	1528	1529	1530	1531	1532	1533
1704	1705	1706	1707	1708	1709	1710	1711	1712	1713
1884	1885	1886	1887	1888	1889	1890	1891	1892	1893
甲申	乙酉	丙戌	丁亥	戊子	己丑	庚寅	辛卯	壬辰	癸巳

1534	1535	1536	1537	1538	1539	1540	1541	1542	1543
1714	1715	1716	1717	1718	1719	1720	1721	1722	1723
1894	1895	1896	1897	1898	1899	1900	1901	1902	1903
甲午	乙未	丙申	丁酉	戊戌	己亥	庚子	辛丑	壬寅	癸卯

三運

1544	1545	1546	1547	1548	1549	1550	1551	1552	1553
1724	1725	1726	1727	1728	1729	1730	1731	1732	1733
1904	1905	1906	1907	1908	1909	1910	1911	1912	1913
甲辰	乙巳	丙午	丁未	戊申	己酉	庚戌	辛亥	壬子	癸丑

1554	1555	1556	1557	1558	1559	1560	1561	1562	1563
1734	1735	1736	1737	1738	1739	1740	1741	1742	1743
1914	1915	1916	1917	1918	1919	1920	1921	1922	1923
甲寅	乙卯	丙辰	丁巳	戊午	己未	庚申	辛酉	壬戌	癸亥

中元四綠入中

四運

1564	1565	1566	1567	1568	1569	1570	1571	1572	1573
1744	1745	1746	1747	1748	1749	1750	1751	1752	1753
1924	1925	1926	1927	1928	1929	1930	1931	1932	1933
甲子	乙丑	丙寅	丁卯	戊辰	己巳	庚午	辛未	壬申	癸酉

1574	1575	1576	1577	1578	1579	1580	1581	1582	1583
1754	1755	1756	1757	1758	1759	1760	1761	1762	1763
1934	1935	1936	1937	1938	1939	1940	1941	1942	1943
甲戌	乙亥	丙子	丁丑	戊寅	己卯	庚辰	辛巳	壬午	癸未

五運前十年歸四運管

1584	1585	1586	1587	1588	1589	1590	1591	1592	1593
1764	1765	1766	1767	1768	1769	1770	1771	1772	1773
1944	1945	1946	1947	1948	1949	1950	1951	1952	1953
甲申	乙酉	丙戌	丁亥	戊子	己丑	庚寅	辛卯	壬辰	癸巳

五運後十年歸六運管

1594	1595	1596	1597	1598	1599	1600	1601	1602	1603
1774	1775	1776	1777	1778	1779	1780	1781	1782	1783
1954	1955	1956	1957	1958	1959	1960	1961	1962	1963
甲午	乙未	丙申	丁酉	戊戌	己亥	庚子	辛丑	壬寅	癸卯

六運

1604	1605	1606	1607	1608	1609	1610	1611	1612	1613
1784	1785	1786	1787	1788	1789	1790	1791	1792	1793
1964	1965	1966	1967	1968	1969	1970	1971	1972	1973
甲辰	乙巳	丙午	丁未	戊申	己酉	庚戌	辛亥	壬子	癸丑

1614	1615	1616	1617	1618	1619	1620	1621	1622	1623
1794	1795	1796	1797	1798	1799	1800	1801	1802	1803
1974	1975	1976	1977	1978	1979	1980	1981	1982	1983
甲寅	乙卯	丙辰	丁巳	戊午	己未	庚申	辛酉	壬戌	癸亥

下元七赤入中

七運

1624	1625	1626	1627	1628	1629	1630	1631	1632	1633
1804	1805	1806	1807	1808	1809	1810	1811	1812	1813
1984	1985	1986	1987	1988	1989	1990	1991	1992	1993
甲子	乙丑	丙寅	丁卯	戊辰	己巳	庚午	辛未	壬申	癸酉

1634	1635	1636	1637	1638	1639	1640	1641	1642	1643
1814	1815	1816	1817	1818	1819	1820	1821	1822	1823
1994	1995	1996	1997	1998	1999	2000	2001	2002	2003
甲戌	乙亥	丙子	丁丑	戊寅	己卯	庚辰	辛巳	壬午	癸未

八運

1644	1645	1646	1647	1648	1649	1650	1651	1652	1653
1824	1825	1826	1827	1828	1829	1830	1831	1832	1833
2004	2005	2006	2007	2008	2009	2010	2011	2012	2013
甲申	乙酉	丙戌	丁亥	戊子	己丑	庚寅	辛卯	壬辰	癸巳

1654	1655	1656	1657	1658	1659	1660	1661	1662	1663
1834	1835	1836	1837	1838	1839	1840	1841	1842	1843
2014	2015	2016	2017	2018	2019	2020	2021	2022	2023
甲午	乙未	丙申	丁酉	戊戌	己亥	庚子	辛丑	壬寅	癸卯

九運

1664	1665	1666	1667	1668	1669	1670	1671	1672	1673
1844	1845	1846	1847	1848	1849	1850	1851	1852	1853
2024	2025	2026	2027	2028	2029	2030	2031	2032	2033
甲辰	乙巳	丙午	丁未	戊申	己酉	庚戌	辛亥	壬子	癸丑

1674	1675	1676	1677	1678	1679	1680	1681	1682	1683
1854	1855	1856	1857	1858	1859	1860	1861	1862	1863
2034	2035	2036	2037	2038	2039	2040	2041	2042	2043
甲寅	乙卯	丙辰	丁巳	戊午	己未	庚申	辛酉	壬戌	癸亥

大小三元元運原理簡表

乙未年冬重修
繼大師 表

古云：伍佰年必有王者興　540年　一個大三元元運

270年（大上元）　270年（大下元）

小三元元運 180年（大上元）　小三元元運 180年（大中元）　小三元元運 180年（大下元）

90年 小上元　90年 小下元　90年 小上元　90年 小下元　90年 小上元　90年 小下元

上元 60年 一			中元 60年 二			下元 60年 三			上元 60年 四			中元 60年 五			下元 60年 六			上元 60年 七			中元 60年 八			下元 60年 九		
20年	20年	20年	20年	20年	20年	20年	20年	20年	20年	20年	20年	20年	20年	20年	20年	20年	20年	20年	20年	20年	20年	20年	20年	20年	20年	20年
一	二	三	四	五	六	七	八	九	一	二	三	四	五	六	七	八	九	一	二	三	四	五	六	七	八	九
上元			中元			下元			上元			中元			下元			上元			中元			下元		

244	264	284	304	324	344	364	384	404	424	444	464	484	504	524	544	564	584	604	624	644	664	684	704	724	744	764	784
784	804	824	844	864	884	904	924	944	964	984	1004	1024	1044	1064	1084	1104	1124	1144	1164	1184	1204	1224	1244	1264	1284	1304	1324
1324	1344	1364	1384	1404	1424	1444	1464	1484	1504	1524	1544	1564	1584	1604	1624	1644	1664	1684	1704	1724	1744	1764	1784	1804	1824	1844	1864
1864	1884	1904	1924	1944	1964	1984	2004	2024	2044	2064	2084	2104	2124	2144	2164	2184	2204	2224	2244	2264	2284	2304	2324	2344	2364	2384	2404

後記一

繼大師

筆者繼大師在研究陰陽二宅風水理氣後，便陸續註解及著作三元元空大卦書籍，對於人命卦中之「本命元辰卦」，坊間很少論及。

於 2003 年癸未年頭，筆者根據【宋】陳希夷先生所著《河洛理數》之部份內容撰寫一書，名：

《三元地理命卦真解》

至今相隔 22 年（現今 2025 年乙巳年正月），在再三考慮下，終於決定出版，以饗讀者。

此書內容，是將三元地理以生人之出生八字，用河洛理數所屬之先天數，轉換成六十四卦之元辰卦（**或元堂卦**）及本命卦，配合陰陽二宅之三元易盤六十四卦風水卦象，以配合吉凶尅應。

亦有一派專用三元地理命卦，用作推算個人命運，亦有其他三元派別，專用本命元辰卦選取擇日日課。但此書主要是使用在陰陽二宅風水的「方向、方位及元運」上，配以六十四卦，以應吉凶。筆者繼大師認為在下列情形下，風水學是不能發揮其功能的，例如：

（一）科技一日千里，假如人類能殖民於外太空之星球內，當有一天，人類離開地球生活，地球之風水學便失去作用。

（二）當人類科技發達，以 DNA 基因學改造人類後代質素，生男生女隨意，優質智慧，AI 高科技可改善人類生活，則風水學可能漸漸被淘汰。

（三）若統治者排斥風水學，可能會受到禁制。

前一二項是未來可能發生之事，第三項已曾發生過，正如佛家一句名言：

諸法因緣生
諸法因緣滅

風水學是入世方便增加福份的方法，非究竟解脫法門，不過亦有它的存在價值，筆者繼大師認為不可迷風於風水的能力，人世間太多因素去影響人類的命運，非謂造了一門好風水，就可大大改變人們一生的命運，所以還是以：「一命二運三風水，四積陰德五讀書。」一作為人生的實相。而易者是變化也，「變幻原是永恆」就是「無常」，一切均在無常之中。

謹此以《易經》中乾卦之義作出本書之最後結語：

「象曰。天行建。君子以自強不息。」

繼大師寫於香港明性洞天
癸未年季春吉日
甲辰仲冬吉日重修
乙巳孟春吉日再修

後記二

繼大師

此書在排版方面極為需時，因圖表太多，尤其在〈中國歷代元運對照表〉上，在寫稿、做稿及排版等工作上，所用時間非常多。筆者繼大師編寫這歷代元運對照表是非常有用的，可查閱由公元前 841 年西周時期至現代，其間每一個朝代的長短，可查回所屬大小三元之各個元運。

除有歷朝紀元外，更附上公元紀元，互相參照，若翻查歷史資料，大大小小所發生之事情，配合各元元運，可研究歷朝元運之盛衰，對於風水上的尅應，定有所發現。

此書大部份內容，是以河圖洛書之先後天數，應用在人命生辰八字上，配合週天三百六十度，六十四卦卦象，包括由一陰爻至六陰爻，一陽爻至六陽爻，及寄宮之人命卦等各種起卦法，卦例圖表清晰易明，內容顯淺易讀，閱讀此書，細玩自明。

在陰宅之使用上，可將落葬者之生辰八字，轉化成六十四卦，配合葬地墳穴坐向。但最重要的，就是墳穴要避開巒頭之形煞，有地氣，向度生旺，卦象之配合是其次，可以說是錦上添花，陽居與屋主坐向之配合，原理與陰宅相同。

此本論及**「三元本命元辰卦理」**一書，坊間未有如此完備，內容非常完整，歎未曾有！祝願各讀者開卷有益，有所得着，筆者繼大師未來將會陸續出版三元卦理及各類風水叢書，祈願各類書籍出版順利。

繼大師寫於香港明性洞天
壬寅仲春吉日

《全書完》

榮光園有限公司出版 —— 繼大師著作目錄：

已出版：正五行擇日系列

一《正五行擇日精義初階》 二《正五行擇日精義中階》

風水巒頭系列 — 三《龍法精義初階》 四《龍法精義高階》

正五行擇日系列 — 五《正五行擇日精義進階》 六《正五行擇日秘法心要》 七《紫白精義全書初階》

八《紫白精義全書高階》 九《正五行擇日精義高階》 十《擇日風水問答錄》

風水巒頭系列 — 十一《砂法精義一》 十二《砂法精義二》

擇日風水系列 — 十三《擇日風水尅應》 十四《風水謬論辨正》

風水古籍註解系列 — 十五《三元地理辨惑》 馬泰青著 繼大師標點校對

十六《三元地理辨惑白話真解》 馬泰青著 繼大師意譯及註解

風水巒頭系列 — 十七《大都會風水祕典》十八《大陽居風水祕典》

三元卦理系列 — 十九《元空真祕》原著及註解上下冊（全套共三冊）劉仙舫著 繼大師註解

風水祖師史傳系列 — 二十《風水祖師蔣大鴻史傳》

三元易盤卦理系列 — 廿一《地理辨正疏》蔣大鴻註及傳姜垚註 張心言疏 繼大師註解（全套共上下兩冊）廿二《地理辨正精華錄》

大地遊踪系列 — 廿三《大地風水遊踪》廿四《大地風水神異》

廿五《大地風水傳奇》與廿六《風水巒頭精義》限量修訂版套裝（廿五與廿六全套共二冊）

正五行擇日系列 — 廿七《正五行擇日精義深造》

風水古籍註解系列 — 廿八《千金賦說文圖解》—（穴法真祕）— 劉若谷著 繼大師註解

風水巒頭系列 — 廿九《都會陽居風水精義》卅《水法精義》

正五行擇日系列 — 卅一《正五行擇日尅應精解》 **風水巒頭系列** — 卅二《風水祕義》

卅三《穴法精義》 風水古籍註解系列－卅四《奇驗經說文圖解》－目講師纂－繼大師註解

風水祖師史傳系列－卅五《風水明師史傳》

正五行擇日系列－卅六《正五行擇日訣法》

風水祖師史傳系列－卅七《風水明師呂克明史傳》（非賣品）個人收藏版本

風水古籍註解系列－卅八《玄空真解》上下冊－繼大師註解（全套共六冊）

三元卦理系列－卅九《三元地理命卦真解》

未出版：

四十《風水靈穴釋義》四十一《大地墳穴風水》四十二《香港風水穴地》四十三《廟宇風水傳奇》

四十四《香港廟宇風水》四十五《港澳廟宇風水》四十六《中國廟宇風水》

風水古籍註解系列－繼大師註解

四十七《青烏經暨風水口義釋義》四十八《管號詩括暨葬書釋義》四十九《管氏指蒙雜錄釋義》

五十《雪心賦圖文解義》（全四冊）

榮光園有限公司簡介

榮光園以發揚中華五術為宗旨的文化地方，以出版繼大師所著作的五術書籍為主，首以風水學，次為擇日學。

風水學以三元易卦風水為主，以楊筠松、蔣大鴻、張心言等風水明師為理氣之宗，以巒頭（形勢）為用，擇日以楊筠松祖師的正五行造命擇日法為主。

為闡明中國風水學問，用中國畫的技法劃出山巒，以表達風水上之龍、穴、砂及水的結構，以國畫形式出版，亦將會出版中國經典風水古籍，加上插圖及註解去重新演繹其神韻。

日後榮光園若有新的發展構思，定當向各讀者介紹。

作者簡介

出生於香港的繼大師，年青時熱愛於宗教、五術及音樂藝術，一九八七至一九九六年間，隨呂克明先生學習三元陰陽二宅風水及正五行擇日等學問，於八九年拜師入其門下。

《三元地理命卦真解》繼大師著

出版社：榮光園有限公司 Wing Kwong Yuen Limited
香港新界葵涌大連排道35 - 41號, 金基工業大廈12字樓D室
Flat D, 12/F, Gold King Industrial Bldg. , 35-41 Tai Lin Pai Rd,
Kwai Chung, N.T., Hong Kong

電話：(852) 6850 1109
電郵：wingkwongyuen@gmail.com
發行：聯合新零售(香港)有限公司 SUP RETAIL (HONG KONG) LIMITED
地址：香港新界荃灣德士古道220～248號荃灣工業中心16樓
16/F, Tsuen Wan Industrial Centre, 220-248 Texaco Road, Tsuen Wan, NT, Hong Kong
電話：(852) 2150 2100
電郵：info@suplogistics.com.hk

印刷：榮光園有限公司 Wing Kwong Yuen Limited
作者：繼大師
繼大師電郵：masterskaitai@gmail.com
繼大師網誌：kaitaimasters.blogspot.hk

《三元地理命卦真解》繼大師著

ISBN：978 - 988 - 70695 -0-8
定價HK$1200
版次：2025年3月 第一次版